人狼ゲームで学ぶ
コミュニケーションの
心理学

嘘と説得、コミュニケーショントレーニング

丹野宏昭・児玉　健

新曜社

はじめに

　今、人狼ゲームが大ブームとなっています。人狼ゲームのイベントが毎日のように行われ、人狼ゲームを題材にしたテレビ番組・映画・舞台・漫画などが次々と世に出ています。人狼ゲームをやったことがなくても、名前ぐらいは聞いたことがあるという人は多いのではないでしょうか。
　人狼ゲームは、参加者の中にいる「人狼」を探し出すために全員で会議を行い、「人狼」だと思う人を多数決で選ぶゲームです。名前からは、とても血生臭い物騒なゲームのような印象を受けますが、実際は世界中で大人から子どもまで楽しまれているコミュニケーションゲームです。人狼ゲームは、参加者の会話によって進行します。参加者同士で会話して、駆け引きを行ったり、説得したり、嘘をついたり、誰かを信じたり、騙されたり…と、ゲーム中でさまざまなコミュニケーションが行われます。近年では、人狼ゲームのコミュニケーション要素が注目され、企業や教育機関の研修・就職採用や人事・婚活などにも人狼ゲームが活用されているようです。人狼ゲームでは、コミュニケーションを通じて「誰を信じるか」「誰を疑うか」を決定することが、ダイレクトにゲームの結末に影響していきます。この点から、人狼ゲームは「究極の心理ゲーム」と呼ばれることもあります。
　本書は、心理学のプロ（丹野）と人狼ゲームのプロ（児玉）が、人狼ゲームで交わされるコミュニケーションについて、それぞれの専門的視点から解説していく、という内容になっています。
　まず第1章では、人狼ゲームとはどのようなものであるかについて、説明をしていきます。人狼ゲームをよく知らない人であっても、その舞台背景・歴史・魅力から、ルールや雰囲気までが掴めるように、簡単に解説をしていきます。
　第2章と第3章では、人狼ゲームで行われるコミュニケーションの諸現象について、心理学的な視点から解説をしていきます。第2章では、人狼ゲームの特徴のひとつである「嘘をつく・嘘を見破る」という事象に注目

して、実際の人狼ゲームの内容と絡めながら、心理学的な見解を紹介していきます。次に第3章では、人狼ゲームで必要となる「議論における諸現象」、特に「説得」に関する心理学的な知見について、これも実際の人狼ゲームを踏まえながら解説していきます。

　第4章では、人狼ゲームを用いたコミュニケーショントレーニングを紹介します。人狼ゲーム体験を通じて、自身のコミュニケーションの特徴を把握し、より良いコミュニケーション技術を身につけることを目的として、トレーニングプログラムを作成しました。人狼ゲームをやったことがない方であっても、学校や企業の研修等で活用できるように、できるだけ丁寧に解説しています。

　なお、本書は「人狼ゲームの必勝法」を解説するような内容ではありませんし、本書を読んだからといって「人狼ゲームに強くなれる」ということも（おそらく）ありません。ゲームを通じてコミュニケーションの心理学に触れてみたいという方、いつも遊んでいる人狼ゲームを「心理学」という視点から見てみたいという方、ゲーム要素の強いコミュニケーショントレーニングを実施したいという方などに、本書をご活用いただければ幸いです。

目　次

はじめに　　　　　　　　　　　　　　　　　　　　　　　i

第1章　人狼ゲームとは ——————————————— 1

　人狼ゲームの流れ　　　　　　　　　　　　　　1
　人狼ゲームの歴史と現在　　　　　　　　　　　3
　人狼ゲームの魅力　　　　　　　　　　　　　　4
　人狼ゲームをやってみよう　　　　　　　　　　7
　　　人狼ゲームとは　　　　　　　　　　　　　7
　　　ゲームの準備　　　　　　　　　　　　　　7
　　　役職カードの配布と確認　　　　　　　　　9
　　　オープンルールとクローズルール　　　　　10
　　　ゲームの進行　　　　　　　　　　　　　　11
　　　ゲームの終了　　　　　　　　　　　　　　16
　　　人狼ゲームの例　プレイログ　　　　　　　16
　コラム　民間伝承における人狼　　　　　　　24

第2章　人狼ゲームと嘘 ——————————————— 27

　嘘とは何か　　　　　　　　　　　　　　　　　28
　「嘘」を学ぶことは重要　　　　　　　　　　　31
　しぐさから嘘を見破れるか　　　　　　　　　　33
　嘘を見破る手がかり　　　　　　　　　　　　　38
　嘘を見破る可能性を上げるための方法　　　　　46
　専門家は嘘を見破れるのか　　　　　　　　　　52
　嘘発見器は100％嘘を見破れるのか　　　　　　 55
　嘘っぽいと思われないために　　　　　　　　　56
　　コラム　インターネットの人狼ゲーム　　　59

iii

第3章　人狼ゲームと議論・説得　　　　　　　　　　　63

- コミュニケーションと説得　　　　　　　　　　　64
- 態度変容に関する基礎　　　　　　　　　　　　　68
  - 説得内容をしっかり吟味しないこともある　　68
  - 「矛盾」は解消したい　　　　　　　　　　　70
  - 他人に強制されたくない　　　　　　　　　　72
- どういう人から説得されやすいのか　　　　　　　73
  - 信ぴょう性の高さ　　　　　　　　　　　　　74
  - 対人魅力　　　　　　　　　　　　　　　　　76
- どういう人が説得されやすいか　　　　　　　　　78
  - 性差　　　　　　　　　　　　　　　　　　　79
  - 知性　　　　　　　　　　　　　　　　　　　79
  - 自尊心　　　　　　　　　　　　　　　　　　80
  - 不安　　　　　　　　　　　　　　　　　　　80
  - セルフ・モニタリング　　　　　　　　　　　81
- 説得・依頼のテクニック　　　　　　　　　　　　82
  - 都合の悪いことを隠さない　　　　　　　　　82
  - 結論を明らかにすべきか　　　　　　　　　　84
  - 情報を提示する順序　　　　　　　　　　　　85
  - ステルスマーケティングはなぜ有効か　　　　86
  - フット・イン・ザ・ドア・テクニック　　　　87
  - ドア・イン・ザ・フェイス・テクニック　　　88
  - 情に訴える　　　　　　　　　　　　　　　　89
- 議論中に生じる諸現象　　　　　　　　　　　　　90
  - 多数派と少数派の影響力　　　　　　　　　　91
  - 最終的な決定が歪んでしまう　　　　　　　　94
- **コラム**　人狼ゲームの経験によって変化する
  「嘘発見の手がかり」の信念　　　　　　　　97

第4章　人狼ゲームを活用する ── 103
社会的スキルとは　103
人狼ゲームを用いたコミュニケーショントレーニング　105
　トレーニングを行う前に　106
　トレーニングの目的を教示　108
　人狼ゲームのルールと注意を説明　109
　人狼ゲームの実施　111
　ゲームの振り返り　119
　コミュニケーションのアドバイス　120
　トレーニング全体のまとめ　122
コラム　世界のコミュニケーションゲーム、ドイツゲーム　123

ディスカッション ── 127

おわりに　137
人狼ゲーム記録用紙　141
コミュニケーション振り返りシート　143
まとめシート　145
引用・参考文献　147
索引　153

装幀＝荒川伸生

第1章　人狼ゲームとは

　『人狼。それは満月の夜に人間を食べた狼が、月光の魔力でその人物になりすまし、家族や友人を夜ごと一人ずつ餌食にしていく忌むべき存在』
　　　　　　　　　（舞台「人狼ザ・ライブプレイングシアターより」）

　人狼とは、人間の姿に化けた狼です。ある村に入り込み、昼間は人間の姿で村人を騙して姿を隠し、夜には狼の本性を現して村人を一人ずつ襲い、そうして村を滅ぼそうとする化け物です。
　村人が人狼を倒すには、昼間の会議で人狼を探し出し、多数決によって疑いを集めた人物を処刑（追放）するしかありません。昼間、人狼は人間の姿をしているので処刑することができます。しかし人狼は嘘をつき、村人同士が疑いあって間違えて村人を処刑するように、議論を誘導してきます。
　村人たちは協力して人狼を見つけ出すことができるのでしょうか。そして最後に生き残るのは人狼でしょうか、村人でしょうか。決めるのは村人のあなたです。

人狼ゲームの流れ

　人狼ゲームは、「村人陣営」と「人狼陣営」による、生き残りをかけたゲームです。<u>「人狼」をすべて処刑することができれば村人陣営の勝利、生存している村人の人数が人狼の数と同数以下となったら人狼陣営の勝利となります。</u>
　人狼ゲームの参加者は、最初に配られる役職カードによって、村人陣営

と人狼陣営に分かれます。8〜14名程度で行われる通常の人狼ゲームでは、人狼は2〜3名います。各人に配られた役職カードを全員が確認した後、目を閉じ、ゲームマスター（司会者、GM）の「人狼の方は目を開けてください」という声に合わせて、人狼のカードを引いた人だけが目を開けて、顔を合わせて、仲間の人狼が誰であるかを確認します。村人陣営の人は目を閉じたまま待ちます。つまり、初めから人狼は「人狼が誰なのか」「村人が誰なのか」を知った状態で、そして村人陣営は「自分以外の参加者が人狼か村人かはわからない」まま、ゲームを開始することになるのです。

　ゲームは「昼の時間」と「夜の時間」を繰り返し行います。まずは昼の時間に全員で会議をして、投票による多数決を行い、人狼と思われる人物を一人処刑します。そして夜の時間に、人狼たちは目を開けて、襲撃する村人を一人選びます。夜の時間が終わったら、また昼の時間となって、襲撃されて犠牲となった村人が発表され、また人狼を探し出す会議を行います。こうして基本的には昼に一人、夜に一人、村の住人は犠牲になって減っていきます。そして、人狼をすべて処刑することができれば村人陣営の勝利、村人の数が人狼の同数以下になったら人狼陣営の勝利となります。人狼は夜の時間に襲撃されることはありません。よって、昼の時間の会議と投票で人狼を処刑することでしか、村人陣営は勝つことができません。その分、村人は人狼の3〜5倍の人数がいますので、昼の時間の会議で協力し、上手に人狼を探さなければいけないのです。

　勝利のためには、人狼陣営は会議中にうまく嘘をついて人狼と疑われないようにして処刑を避けること、村人陣営は「人狼の嘘を見抜く」そして「村人を信じる」ことが、それぞれ重要となります。誰が嘘をついていて、誰が真実を言っているのかを、人狼と村人が混在した会議の中で探すことになります。

　役職カードは基本的に、初めの役職確認のときにしか使いませんので、参加者同士の会話がゲームのほとんどを構成します。人狼ゲームは嘘をめぐる非日常の世界を楽しむ、リアルコミュニケーションゲームなのです。

　基本的には村人と人狼でプレイされるシンプルなゲームですが、多くの

場合は、他にも特殊な能力をもつ役職者（占い師、ハンターなど。後述）を入れたり、特別なルールを使用したりなど、さまざまなバリエーションがあります。また、「ゲームマスター（GM）」と呼ばれる、プレイヤーとしては参加せずに、ゲームを初めから最後まで進行する司会進行役が一人必要となります。ゲームマスターの進め方や、性格、口調などによっても、ゲームの雰囲気は変わってきます。また、参加する人の経験や人数に応じて自由にゲーム設定をカスタマイズできたり、参加した人の特徴によってゲームの雰囲気が変化するということが、人狼ゲームの一番の特徴といえるかもしれません。

人狼ゲームの歴史と現在

　人狼ゲームの起源から今に至るまでの経緯についても簡単に説明しましょう。
　1980年代に東欧を中心に、「市民」の中に紛れた「マフィア」を探す「Mafia」というゲームができました。そのゲームが海を渡り、アメリカで「汝は人狼なりや：Are you a werewolf？」という「市民 → 村人」「マフィア → 人狼」と変化したファンタジーな世界設定となり、その後、人狼ゲームとして世界中に広がることとなります。
　人狼ゲームは2013年頃より、よく日本のメディアに取り上げられるようになりました。テレビ番組の題材になったり、大規模人狼ゲームイベントや人狼ゲームに関する記事が増加したり、役者による人狼ゲームを題材とした舞台が生まれたりと、人狼ゲームへの注目が増しています。またコミュニケーション活性化の方法として、企業研修やレクリエーション、街コンなどの場面で、人狼ゲームを活用することが増えてきています。ヨーロッパでは以前から遊ばれてきた人狼ゲームが、最近になって日本のいろいろな方面で活用され、進化してきているのです。
　日本ではもともとインターネット上で人狼ゲームを行う、「オンライン人狼ゲーム」（→ コラム「インターネットの人狼ゲーム」（p.59）参照）が静

かなブームとなり、最近は実際に人が集まり行う「対面人狼ゲーム」が多くなってきているといわれています。これは、日本でソーシャルゲームが発達したり、多くのSNS（ソーシャルネットワーキングサービス）が現れ、多くの人が利用し、ネット上の繋がりが当たり前の時代になったこととも無関連ではないと考えられます。情報技術の発展の反動で、「実際に顔と顔を合わせて遊ぶ」「手間はかかるが、その場での熱量や実感を得ることができるリアルゲーム」というものを、人々は欲してきたのだと思います。ここでは、インターネット上の人狼ゲームではなく、対面して行う人狼ゲームの魅力を少しお話ししたいと思います。

人狼ゲームの魅力

　人狼ゲームの魅力はさまざまな側面があるので、一言で言うことはとても難しいのですが、しかし一番の魅力は、「プレイする人間によってゲームの展開や内容が大きく変わること」でしょう。「人と人とが話すこと」がほとんどの要素を占めるゲームなので、会話を重視する人が多ければ楽しいパーティーゲームのようになるし、推理を重視する人が多ければシリアスな嘘つき探しゲームとなります。もちろん参加者は毎回異なる立場でゲームに参加することになりますし、結末や展開はゲームごとに異なります。プレイする人によってここまでゲーム展開や雰囲気の変化するゲームは、なかなかないといえるでしょう。

　毎回ゲームの展開が違うという点も、プレイする人の性格や個性が大きく影響していることによります。たとえば、嘘をつくというよりは静かに潜んで、積極的に発言する村人たちのミスリードを誘って自滅をねらう人狼もいます。村人たちが積極的であれば、その議論や決定の方向が間違っているほど、人狼ではない村人が昼の投票で処刑されてしまいやすく、人狼が有利になってしまいます。極端なことを言えば、人狼が何もしなくても、村人の手によって、村を滅亡の方向に進めてしまうことだってありえるのです。また、積極的に人狼側が議論を誘導し、間違った方向に議論を

進め、人狼ではない村人をうまく処刑して、村を滅ぼそうとする人狼もいます。人狼は「人狼が誰か」「村人が誰か」を知っているのですから、その場に応じて動きを選ぶことができます。

　このように書くと、人狼がとても有利に思えますが、決してそんなことはありません。昼の時間の多数決で処刑者を決めていくのがこのゲームのポイントであり、仲間の人狼が疑われてしまった場合、不自然に村の意見に反対して仲間の人狼をかばってしまうと、「人狼が仲間をかばっている」と思われてしまうこともあります。人狼は味方がわかっているからこそ、言動から手がかりを出してしまい、その結果、村人に次々と人狼が見つけられてしまうこともあります。誰が村人で誰が人狼かすべてを知っている「人狼」、そして自分が潔白であること以外は誰が村人か人狼かわからない「村人」、どちらが強いかは一概に言えません。また、村人にとって人狼がわからないからこそ、さまざまなドラマがゲームの中で展開されます。終わった後に、村人と人狼の双方の視点から「あのときはこうだった」「こう考えていた」などと感想戦を楽しめる点も、人狼ゲームを何度も何度も遊んでしまう要素です。

　また、初心者の人がなかなか発言できなくてもゲームは進行していきます。理論立てて考察できなかったり、積極的に会議で発言できなかったりしても、多数決の投票のうちの一票は全員に平等に与えられます。どうしていいかわからない、そんな村人がいても当たり前です。その一方で、初心者の人がいきなり主役になってしまうことも大いにありえます。人狼ゲームは、異なった性格や経験をもった人たちで織りなすゲームです。異なった性格や経験をもった人たちと議論を交わし、他人を説得することが人狼ゲームでは重要となります（→第3章「人狼ゲームと議論・説得」参照）。知識があるだけでは意味がなく、それを他人にわかってもらい、信頼を得なければいけません。そうしないと、仮に発言をたくさんしていたとしても、他の村人からの信頼を得ることができず、「人狼だ」と疑われて処刑されてしまうでしょう。経験者だから絶対に勝てるとは限りませんし、初心者だから絶対に勝てないということはありません。人狼ゲームは、毎回異なった人間模様が楽しめる、さまざまな要素が絡んだ、無限に広が

るコミュニケーションゲームなのです。

　なお、「セオリー」といわれる手段は存在するものの、ゲームに慣れてくるとその「裏」や、その「裏の裏」を読むことになりますので、必勝法が存在しないところも、魅力のひとつです。その分、勝つためには洞察力や誘導尋問、人を煽動する力、そして嘘を駆使するしかありません。どんな展開でもいろいろな可能性を考えなくてはいけない、そのようなルール自体がよくできているのはもちろんのこと、人狼ゲームは参加する人間同士の思惑のぶつかり合いが作り出すゲームなのです。

　もうひとつ人狼ゲームの魅力をあげると、「ふだんは感じることのできない非日常感を得ることができる」点です。「人狼だと疑った者を処刑する」「夜に人狼の襲撃にあって犠牲になる」など映画や小説に出てくるような言葉や、「村のために犠牲になってくれ…」「私が襲撃されたらあの人を疑って！」など、映画さながらのセリフがゲーム中に次々と飛び出すところに非日常性を感じ、その雰囲気を楽しむ人も多いようです。

　また、ふだんしてはいけない「嘘をつく」ということが、ゲームの中では当たり前に行われます。堂々と人を騙すこと、またはその嘘を見抜いて人狼を見つけ出すことには、特有の快感があり、楽しいと捉える人も多いようです（→ 第2章「人狼ゲームと嘘」参照）。このような、他人を騙したり嘘をついたりするといった、現実の世界では良くないとされていることも、人狼ゲームの主要な要素を占めており、ゲーム内では楽しめてしまうのです。

　またその上で、ゲームを通じて自分や他人の性格の素の部分が垣間見えるといった、現実的な部分もあります。ゲームが終わった後に、「次はこんな戦略でウソをつこう」「あの時ああしておけば、展開は変わったはず」など、現実世界に帰ってきても考えてしまうところがまた、人狼ゲームが人を惹きつける要因なのです。大げさかもしれませんが、人狼ゲームは自分という人間を見つめ直し、自分の特徴を認識し、またこうありたい自分に次回はなってみようと、自分を今一度客観的に見つめ直すことができるゲームなのかもしれません（→ 第4章「人狼ゲームを活用する」参照）。

人狼ゲームをやってみよう

さて実際に、人狼ゲームをやってみましょう。順を追って説明していきます。慣れると難しいことはありません。

人狼ゲームとは

先述のとおり、村人陣営と人狼陣営の生き残りをかけたゲームです。
参加者は最初に配られる役職カードによって、村人陣営と人狼陣営に分かれます。村人陣営は昼の時間に投票を行い、「人狼」と思われる人物を一人処刑して村から追放します。人狼陣営は夜の時間に起きて、襲撃する村人を一人選びます。
こうして村の住人は少しずつ減っていき、

- 人狼をすべて処刑することができたら、【村人陣営の勝利】
- 村人の数が人狼と同数以下まで減ってしまったら、【人狼陣営の勝利】

これがそれぞれの陣営の【勝利条件】となります。
勝利のためには、「うまく嘘をつく」ことと「相手の嘘を見抜く」こと、「誰かを信じる」こと、そして「自分を信じてもらう」ことが重要となります。誰が嘘をついていて、誰が真実を言っているのか。嘘をめぐる非日常の世界を楽しんでみましょう！

ゲームの準備

■ゲームに必要なもの
【道具】
- 人狼カード一式

さまざまなカードが市販されておりますので、自分の好みの絵柄の
カードや、好きな役職の入ったカードを使用するとよいでしょう。も
しカードが手元にない場合は、トランプなどを代用したり、紙を小さ
く切ってクジのようなものを作って使用してもゲームを楽しむことが
できます。
- 名札
    初対面の人が多い場合などは、名札を用意したほうが議論しやすい
    です。
- ストップウォッチやタイマーなど
    ゲームマスターが議論の時間を計るために使います。
- 記録用紙と筆記用具
    ゲームマスターが記録を行うために用います。記録用紙の例は本書
    の最後にあります。

【場所の確保】
　参加者全員が、輪になって座ることのできる場所を確保してください。
全員の顔が見えて、会議中にお互いの声が聞こえるぐらいの広さが必要で
す。一方で、隣の人と身体が当たるような狭さの場所は、このゲームを遊
ぶのに適していません。ある程度、ゆったりと会話できる場所を選ぶべき
でしょう。

【ゲームマスター（GM）の決定】
　最初に、参加者の中からゲームマスターを一人決めます。ゲームマス
ターはゲームの進行役で、村人陣営でも人狼陣営でもありません。ゲーム
には直接参加しませんが、「人狼」や「占い師（後述）」などの行動を管理
して、ゲームをスムーズに進める役目を担います。最初のゲームは、人狼
ゲームに慣れた人がゲームマスターを担当するとよいでしょう。ゲームを
外から見ることのできるゲームマスターもなかなか面白いものです。

【使用する役職カードの決定】
　ゲームマスターが中心となって、今回のゲームで使用する役職カードの組み合わせ（種類と枚数）を決めます。初めて遊ぶ人が多い場合などは、下記の例を参考にしてください。また111ページ（第4章）でも、組み合わせの例を紹介していますので、そちらもぜひ遊んでみてください。

○初心者用の組み合わせ
　ゲームを遊ぶ人数にもよりますが、最初は「村人」と「人狼」と「占い師」（夜の時間に一人の正体を知ることができる能力。詳しくは後述）のみを使って遊ぶのがいいでしょう。ゲームの参加者は、ゲームマスターを除いて最低7名は集めましょう。参加人数が少なかったらすぐにゲームが終わってしまい、人数が多すぎると1ゲームが長くなりすぎてしまうからです。7〜13名くらいがおすすめです。7〜10名の場合は「人狼」を2枚、11〜13名の場合は「人狼」を3枚にするとよいでしょう。

○初心者用の組み合わせの例
7〜10名の場合：　人狼2名・占い師1名・村人4〜7名
11〜13名の場合：　人狼3名・占い師1名・村人7〜9名
　※慣れてきたら、村人のカードを他の役職のカードに変えてみるとよいでしょう。

役職カードの配布と確認

　ゲームマスターは、今回のゲームで使用する役職カードを集め、裏向きにしてよく混ぜ、参加者に1枚ずつ配ります。参加者は自分の役職カードの内容を、他の参加者に見られないよう注意しながら確認してください。

■ゲームマスターによる役職の確認
　まずゲームマスターは自分以外の参加者全員に目をつぶらせてください。全員が目をつぶっていることを確認したら、ゲームマスターは

「それでは『人狼』の方、『人狼』の方、目を開けてください」
と語りかけます。対象となる参加者は静かに目を開け、ゲームマスターと確認しあいます（人狼は仲間が誰かもそれぞれ確認しあいます）。
　ゲームマスターは対象の役割の参加者を確認したら、
　　「『人狼』の方、『人狼』の方、目を閉じてください」
と語りかけ、対象となる参加者（たち）は静かに目を閉じます。
　ゲームマスターは、今回のゲームで使用する役職カードのうち、「村人」を除くすべての役職について、この確認を行います。参加者は、ゲームマスターに自分の役職を呼ばれたとき以外は、絶対に目を開いてはなりません。他の参加者の正体を知ってしまうと、このゲームを楽しむことはできません。もしもうっかり目を開けてしまったときなどは（自分の役職を勘違いしてしまったときなど）、参加者に謝って役職カードを配り直してもらってください。

オープンルールとクローズルール

　参加者が昼に処刑されたり、夜に犠牲になったりした際、その参加者の役職カードを公開するルールとするか、公開しないルールとするかを、ゲーム開始前に選びましょう。公開する遊び方を「オープンルール」、公開しない遊び方を「クローズルール」と呼びます。両者には下記のような特徴があり、プレイの様子が違います。何度か続けて遊ぶ場合は、たまに違うルールで遊ぶと、また新鮮な気持ちでゲームを楽しむことができるでしょう。

■オープンルールの特徴
　処刑・襲撃されて犠牲となった参加者の役職内容がすぐに公開されるため、情報が多く、初心者向けといえます。初めて人狼ゲームで遊ぶ人が多い場合などは、まずはオープンルールで遊んでみることをおすすめします。また、昼の時間に処刑された人が村人だったのか人狼だったのか、また夜の時間に襲撃された人の役職が何だったのかが明らかになるので、そのた

びに盛り上がり、情報が得られるのでおすすめです。

■クローズルールの特徴
　オープンルールとは逆に、処刑・襲撃されて犠牲となった人の役職カードが公開されないため、ゲーム中に参加者が得られる情報が制限されます。そのため、じっくりと推理を楽しむことができます。ゲームに慣れてきたら、クローズルールを試してみることをおすすめします。
　　※本書では初めて人狼ゲームを遊ぶ方を想定して、オープンルールで遊ぶ
　　　ことを前提に説明します。

ゲームの進行

■自己紹介
　まずは自己紹介をしましょう。参加者全員が顔見知りのときは「自己紹介はしなくてもかまわない」と思うかもしれませんが、そういった場合でも最初に自己紹介を行ったほうがよいでしょう。自己紹介の最後には全員が「私は村人です」「私は人狼ではありません」と宣言するように取り決めることをおすすめします。そのときの口調や表情などが推理の材料となり、ゲームが盛り上がります。

■大まかな流れ
　ゲームは「昼の時間」と「夜の時間」を1日目、2日目と繰り返すことで進行します。

■昼の時間
　昼の時間では、村に残っている参加者（処刑・襲撃されていない参加者）は、「誰が人狼なのか」について会議を行います。会議の時間の長さは、村に残っている参加者の数に応じて変えるとよいでしょう。1日目は8〜10分ほど、残っている参加者が6名以上の場合は5分ほど、4名以下となった場合は3分ほどがおすすめです。ゲームマスターは時間をチェック

し、時間がきたら会議をストップさせ、投票に移ってください。
　　※初心者の方が多い場合、情報の少ない1日目の会議では何を話してよいかわからない場合も多いかもしれません。そんなときは議論の半分の時間が経過したときに、ゲームマスターが会議を一回止めて、「一人ずつ人狼だと思う人を発表する」「第一印象で怪しい人を全員で一斉に指差す」などの工夫を入れてみると会議が活発になります。これに関しては第4章でも紹介します。

【投票】

　会議の時間が終了したら、投票に移ります。投票は、村に残っている参加者が一斉に行います。準備ができた参加者は手を上げて、ゲームマスターの合図と同時に誰か一人を指します。なお、投票を棄権することはできませんし、自分に投票することもできません。
　　※投票方法は他にもあり、ランダムに決まった人（誕生日が最近の人など）から時計回りの順に投票したり、投票先が決まった人から自由な順で投票するなどもあります。いろいろな方法を試してみましょう。

【投票の処理】

　投票後、ゲームマスターは一番多く票の入った参加者（最多得票者）を確認します。最多得票者となった参加者は処刑され、以降のゲームに参加することはできなくなります。最多得票者が複数いた場合は、その方々を再投票対象とした決選投票を行い、処刑者を決定します。このとき、投票対象となる最多得票者は投票に参加できません。残りの参加者は複数の最多得票者の中から一人を一斉に指差し、一人の処刑者を決定します。もしも決選投票でも同数だった場合は、再度の延長会議の後に再投票したり、くじ引きをするなどの方法で、処刑する参加者を決定します。
　　※決選投票にあがった人には、他の参加者に「自分が人狼ではない」ことをアピールする最終弁明の時間を与えると、より緊張感が増します。
　　※最多得票者が複数出たときに決選投票にせず、処刑者を無しとするルールや、最多得票者全員を処刑するルールなどもあります。

【処刑】
　処刑が決まった参加者は自分のカードを公開し、他の参加者に見せます（オープンルールの場合）。処刑された人物が村人であれば落胆が、人狼であれば歓喜が訪れるでしょう。処刑された参加者は、以後このゲームに参加することはできません。話などもしてはなりません。ゲームから脱落しても、外から村を見つめて誰がどのように嘘をついているかをチェックするのも、また楽しいものです。その経験を、次回以降のゲームに活かしましょう。

　　※１日目に処刑された参加者が２日目の議論に参加できるルールもあります。第４章で紹介するコミュニケーショントレーニングのプログラムでは、そちらのルールを採用しています。

【昼の時間の終了】
　会議と投票が行われて、その日の処刑者が決定したら、「昼の時間」は終了し、「夜の時間」へと移ります。

■夜の時間
　ゲームマスターは「夜の時間」が始まると、
　　「恐ろしい『夜』がやってきました。みなさんは眠りに就きます」
と宣言し、村に残っている参加者は全員目を閉じます（処刑・襲撃されて以降の議論に加わらない参加者は、目を閉じる必要はありません）。

【各役職の能力の処理】
　ゲームマスターは、村に残っている参加者全員が目を閉じたことを確認して、今回のゲームで使用している役職カードの能力（後述）の処理を行っていきます。
　ゲームマスターはまず、
　　「『人狼』の方、『人狼』の方、目を開けてください」
と言い、ゲームマスターは「人狼」のカードを引いた方が目を開けたことを確認します。

そして
「今夜は誰を襲撃しますか？　誰を襲撃しますか？」
と聞きます。人狼（たち）は目線などで相談をして静かに誰か一人を指差します。このとき、声を出したり、物音を立てないように気をつけてください。なお、人狼は人狼を襲撃することはできません。
ゲームマスターは
「襲撃するのはこちらの方でよろしいですか？」
と確認し、「人狼」の同意（目くばせ、うなずきなど）が得られたら
「『人狼』の方、『人狼』の方、目を閉じてください」
と語りかけ、人狼は全員目を閉じます。
占い師の役職を入れているときは、ゲームマスターは次に
「『占い師』の方、『占い師』の方、目を開けてください」
といったふうに語りかけます。占い師は夜に一人の正体を知ることができる能力です。
ゲームマスターは、対象の参加者が目を開けたのを確認したら、
「今夜は誰を占いますか？」
と語りかけます。「占い師」は、正体を知りたい人物一人を静かに指差します。このときも、声を出したり物音を立てたりしないように気をつけてください。ゲームマスターは「占いたいのはこの方ですか？」と確認し、「占い師」の同意が（目くばせなどで）得られたら、占われた参加者が「村人（人狼以外）」なのか、それとも「人狼」なのかをハンドサインなどで伝えます。

【ハンドサインの例】
片手で親指と人差し指を立てて、Ｖを作ります。Villege＝村、村人という意味です。
両手で親指と人差し指を立てて、Ｗを作ります。Wolf＝狼、人狼という意味です。
※ハンドサインはさまざまなものがあります。
ゲームマスターは「占い師」に占いの結果が伝わったことを確認すると、

村人の場合　　人狼の場合

ハンドサインの例

「『占い師』の方、『占い師』の方、目を閉じてください」
と語りかけます。「占い師」は目を閉じてください。
　　※ここでは「人狼」と「占い師」の役職能力のみを説明します。これ以外の役職を入れたゲームにおいては、それらの役職の能力（夜に行うもの）の確認も行ってください。

【「夜」の終了】
　すべての役職の能力の処理が終了したら、ゲームマスターは
　　「『夜』が明けました。朝です。みなさん、目を覚ましてください」
と語りかけます。村に残った参加者は、目を開けてください。

【犠牲者の発表】
　夜に「人狼」（たち）に襲撃対象として選ばれた村人は犠牲者となります。ゲームマスターは
　　「昨夜の犠牲者は・・・○○さんです！」
と犠牲者の名前を明かします。犠牲者はカードを公開して、他の参加者に自分の役職を知らせます（オープンルールの場合）。襲撃の犠牲となった参加者は、処刑された参加者同様に、以後はこのゲームに参加することができなくなります。話などもしてはいけません。犠牲者が「占い師」であった場合でも、占いの結果を他者にしゃべることはできませんし、「○○さんが怪しいと思う」などと発言することも許されません。「犠牲者の発表」が行われたら、また「昼の時間」へと移ります。

ゲームの終了

こうして「昼の時間」と「夜の時間」を繰り返し、村人陣営か人狼陣営が勝利条件を満たしたとき、勝利陣営が決定し、ゲームは終了します。途中で処刑・襲撃されてゲームから脱落していても、自分が属している陣営が勝利すれば勝ちとなります。

人狼ゲームの例　プレイログ

次に、実際の人狼ゲームがどのように展開されるか、そのプレイログを例としてご覧いただきます。以下の例は、12名（人狼3名　村人陣営9名）でプレイしたときのものです。

　　注：なお、プレイログの参加者名は「人狼ザ・ライブプレイングシアター（人狼TLPT）」の登場人物名をお借りしています。

　…1日目の昼の議論…

GM　（ゲームマスター）『夜が明けました。この中に人狼が3匹います。人狼を探す会議を始めてください』

クリス　「先ほどの自己紹介などから、何か気がついたことがある人はいますか？」

ハイラム　「私はドリスを疑っています。自己紹介のときにとても緊張していたし、すごく挙動不審だったように感じました。ドリスが人狼だからじゃないですか？」

※はじめはまったくヒントのないところから始まることが多いので、こういった挙動から何か手がかりを探したり、疑いを向けることがあります。

ドリス 「人狼と思われたらどうしよう？　と思っていたので緊張はしているわよ。この状況は村人だって緊張するでしょう？」

※疑われてしまって何も言わなければそのまま疑われたままです。疑われたことに関して、他の村人も納得するような返答をしなければいけないでしょう。

ダンカン 「誰でも緊張するのは僕もそう思うので、ドリスの言っていることはもっともだと思う。だからドリスを別に疑ってないし、そういう指摘をしたハイラムも村のために人狼を探そうとしているので、二人とも人狼ではないと思う。僕はまだ口数の少ない人にも話してもらいたいな。このままでは誰が人狼なのかのヒントが少なすぎる。」

※村人として人狼を探そうとする姿勢や発言によって、信用されたり信用されなかったりします。何も話していない人からは、情報が出ないため、村人か人狼かのヒントがありません。参加者全員に積極的に話してもらうことが人狼を探すために重要になります。

デイジー 「それでは私からひとつ提案するわ。今から全員で今疑っている人を一斉に指しましょう。第一印象でも構わないから。」

※会議中に人狼を探すための提案や、話すきっかけになる提案をするのも自由です。その場その場で考えたことを自由に議論できるのが人狼ゲームの面白いところです。

デイジー 「みんな決まった？　じゃあ投票しよう。せーのっ！　…では数えるわね。メイソンが4票でハイラムが3票、クリスが2票、あと1票なのがエスター、コーダ、マドックね。他は0票ね。」

メイソン 「おいおい、一番疑われてるじゃないかよ〜。俺人狼じゃないぜ。これは人狼に仕組まれてるよ！」

デイジー 「メイソン、そうなの私もそう思うの。」

メイソン 「えっ」

デイジー 「今、人狼同士は仲間を知ってるでしょ。だから仲間には入れないと思うの。だから今、票が集まっている人よりも、集まってない人の方が人狼の可能性が高いと思うのよ。だから1票か0票だった中に人狼がいると思うの。」

> ※当たっているか当たっていないかは別として、こういった提案によって、話すきっかけができ、議論が活発化します。全員が黙っていては人狼が有利になります。

マドック 「なるほど、デイジーの提案はもっともだし、いい手がかりになると思う。私も1票だけ入っている。しかし、私はエスターに投票しているし、エスターも私に投票しているのだ。人狼同士がここでお互いを疑いあうことはしないと思うので、私とエスターがどちらも人狼ということはないのではないか？」

> ※人狼同士はお互いを知っているから情報的に有利です。
> しかし、仲間が誰かを知っているからこそ、仲間をかばってしまったりなど、いろいろな行動から手がかりを出してしまうことも多いです。

コーダ 「そうですね。これは後々のヒントになるかもしれないから覚えておきましょう。ただ、二人共ってことはないと思うけど、どちらかは人狼の可能性はあるのも忘れないでおこう。」

> ※会議中に起こったことやヒントになることは、ゲームの最後まで覚えておくとよいでしょう。一人ですべて覚えるのは大変ですが、このゲームは協力ゲームです。村人陣営の誰かが覚えておくことも重要です。

サミー 「俺もあんまり話してないから意見を言っておく。いろんな推理をして、他の人に疑いをかけている人は村人だと思う。敵を作ることになるからな。人狼だったら積極的に疑って敵を

作るようなことはしたくないんじゃないか。そういった点で、やっぱり目立たずに参加していて、周りの意見にうなずいてばかりいるスパイクこそが怪しいと思っている。」

スパイク 「確かに俺はあんまり発言もしてないし、みんなの言っていることを聞いていた。聞きながらちゃんと人狼を探していたよ。

　人狼は3人いるんだよな。よく話している人の中にも一人は人狼がいると思う。場を混乱させたり、自分たちの都合の良い方向に議論を誘導するためにな。だから俺は一見村のために行動しているように見えるデイジーこそが人狼だと思うぞ。」

デイジー 「ひどい！　せっかく人狼を見つけるために提案をしたのにそれで疑われるなんて！　そんなの絶対に認めないからね！　私は人狼なんかじゃない！」

　　　…1日目の投票…

GM 「それでは投票の時間です。クリスさんから時計回りに順番に投票を行ってください」

クリス 「それでは私から。私はやはりドリスが怪しい。ドリスに投票します。」

※村人は人狼を探すために動きますが、人狼は誰が人狼で、誰が村人をもともと知っています。人狼は、自分や仲間の人狼が疑われないように、そして村人で疑わしい人を人狼に仕立て上げるように立ち回ります。

※「人狼は仲間が誰かを知っているため、同じ行動をしない」という推理です。確かに仲間同士がわかっているために、なかなか同じような行動をしにくいのも事実です。

※村人のための行動をしていたつもりでも、他者から人狼だと疑われてしまうこともあります。

※GMは議論には参加しませんが、投票の際にこのように声をかけたり、司会進行を行います。前述のとおり、いろいろな投票の仕方があります。

※投票になったら議論をしてはいけません。投票の際に投票理由などを簡潔に言うことはできます。
　棄権はできず、絶対に誰かに投票しなければいけません。

…1日目の処刑者決定…

GM　「全員の投票が終わりましたね。ハイラムが4票、スパイクが3票、ドリスが2票、マドック、コーダ、デイジーが1票で本日はハイラムが処刑されます。ハイラムさんは席を立ってゲームから抜けていただきます。」

※全員の投票が終わったら、GMは投票結果をプレイヤーに伝え、誰が今日の処刑者かを発表します。処刑されたプレイヤーはその後、ゲームに参加することができなくなります。以降は話すことができなくなります。

　　　…1日目の夜…

※オープンルールの場合はここでカードを公開し、クローズルールの場合はカードを公開しません。

GM　「それでは恐ろしい夜になります。全員目をつぶってください。」

GM　「人狼の方、人狼の方、目を開けてください。今日は誰を襲いますか？」

※人狼のプレイヤーは目を開けて、生きている村人の中で誰を襲撃するかを決めます。声を出してはバレてしまいますので、目線や軽いしぐさで相談しましょう。

GM　「こちらの方でよろしいでしょうか？　わかりました。目を閉じてください。」

　　　…2日目…

※夜の時間には、誰か一人の正体を知ることができる「占い師」など村人側の役職者も起こし、能力の処理も行います（ここでは割愛）。

GM　「朝がやってきました。みなさん目を開けてください。
　　朝になると、人狼に襲われた一人の死体が発見されました。その犠牲者は…デイジーです！」

※朝の犠牲者の発表などはゲームの雰囲気や緊張感を出すので、GMも言い回しなどを考えてみましょう。

GM 「デイジーさんは席を立って、ゲームから抜けていただきます。」

※このようにして基本的には昼の処刑と夜の襲撃によって、1日に2名ずつ参加者がゲームから脱落していきます。

GM 「残りは10名です。それでは2日目の会議を始めてください。」

コーダ 「デイジーが襲われた。当然だがデイジーは村人だった。デイジーの推理を怖れた人狼が口封じのためにデイジーを襲ったんじゃないか？ スパイク、君の推理は外れていたぞ！」

※夜に襲撃された参加者は必ず村人です。人狼は人狼を襲うことはできません。

スパイク 「確かに俺の推理は外れてた。デイジーは人狼ではなかった。でも間違ったから人狼だというのか？ デイジーが襲われたら、真っ先に疑われるのは昨日デイジーを人狼だと疑っていた俺になるだろう。俺が人狼だったらこんな自分の首を絞めることはしない。これは人狼の策略だ!! それを一番に言ってきたコーダが人狼なんじゃないか？」

※推理が間違っていたとしても、その参加者が人狼とは限りません。村人であっても間違えることはあります。

夜に誰が襲撃されるかによっても次の日の議論は変わってきます。そういったことで、毎回の展開や推理が変わります。

……

　このように、議論を行いながら参加者同士で疑いあい、村人は人狼を探し出して処刑することを目的とし、人狼は上手に正体を隠して処刑を免れるようとします。最終的にどちらかの陣営が勝利条件に達するまで、昼の時間と夜の時間を繰り返します。

　会議中に何を話すか、誰のどのような部分を疑うか、などは人によってさまざまでしょうし、それが正解となる場合も失敗となる場合もあるでしょう。自分の考えを素直に話し、他の参加者に信じてもらえるように努

力することが、人狼ゲームでは重要となります。

【補足】人狼ゲーム役職説明
　人狼ゲームにはさまざまな役職があります。ここではその一部を紹介します。

■村人陣営
- 村人（市民、人間）
　　何も特殊な能力をもたない一般の村人です。参加者の多数を占めます。村人の推理と判断が勝敗を左右するといえるでしょう。
- 占い師（予言者）
　　夜の間に参加者の中から一人を指定し、その参加者が人間か人狼かを知ることができます。
- 霊媒師（霊能者）
　　昼に処刑された参加者が人間か人狼かを知ることができます。
　　※ クローズルールのみで使用する役職です。オープンルールでは使用しません。
- ボディーガード（狩人・騎士）
　　夜の間に参加者の中から一人を指定し、その参加者を人狼の襲撃から護衛することができます。ボディーガードが護衛先に選んだ人物と、人狼が襲撃先に選んだ人物が一致したとき、襲撃は失敗となって、襲撃先の人物は次の日も生存します。
- 共有者
　　二人一組の役職です。ゲームの初めにお互いを認識できます。つまり自分以外に一人、人狼ではない参加者をもともと知った状態でゲームを開始できます。
- 恋人
　　二人一組の役職です。ゲームの初めにお互いを認識できる点は共有者と同じですが、恋人は一方が処刑されたり、人狼に襲撃されたりしてゲームから抜けるとき、残った恋人の一方も同時にゲームから抜け

ます。
- ハンター

　処刑されたり襲撃されたりしてゲームから抜けるとき、誰か一人の参加者を道連れにできます。ハンターの役職はオープンルールでもクローズルールでも、処刑・襲撃されたときにカードを公開します。カードを公開したときに、誰とも相談せず、即座に処刑したい参加者一人を指名します。このときは絶対に誰かを選ばなければなりません。

■人狼陣営
- 人狼

　人間に化けた狼であり、村人を襲撃して捕食することを目的としています。夜の間に人狼以外の参加者を一人襲撃します。人狼が複数いる場合は、他の人狼が誰かをすべて把握できます。
- 狂人（裏切り者・多重人格者）

　特殊な能力をもたない人間ですが、人狼の味方をします。人狼が勝利したときに、狂人も勝利となります。人間陣営の人数としてカウントされ、占い師や霊媒師の判定は人間判定となります。嘘をつくことによって村人陣営を混乱させ、人狼に有利になるように動く役割をもちます。

■第3陣営

村人陣営にも人狼陣営にも属さない役職です。独自の勝利条件をもっています。
- 妖狐（ハムスター、ヴァンパイア）

　人狼に襲撃されても脱落しませんが、占い師の能力の対象になると、次の日の朝に脱落します。村人陣営か人狼陣営のどちらかが勝利条件を満たしたとき、自分が生存していれば、そのチームの代わりに勝者となります。

コラム　民間伝承における人狼

　人狼ゲームの世界観のベースとなっている「人狼伝説」は世界中に伝承されています。ここでは民間伝承における人狼伝説について、いくつか紹介していきます。

　人狼はその名のとおり、半人半狼の怪物や、もしくは全身を狼の姿に変えた人間のことを指します。人狼以外にも、さまざまな獣をベースとした半人半獣の伝説は世界中に多く存在しています。たとえば日本だと、化け猫や狐憑きなどもこれに該当します。舞台は中国ですが、中島敦の「山月記」など虎に変身した物語も有名でしょう。日本では、狼を「大神」と記すなど信仰の対象とした様子は残っていますが、他の獣人伝承に比べると人狼伝承はあまりメジャーではありませんでした。その一方で、狼に苦しめられた歴史をもつヨーロッパやロシアなどの国々では、狼の恐ろしさから生まれた人狼伝説が民間に伝承されてきました。

　しかし、いわゆる人狼ゲームにおける人狼のような、「狼が人間の姿になりすまし、人間を襲う」といったモチーフの人狼伝承は、実際には非常に少ないことがわかっています。多くの人狼伝承は、「人間が狼の姿に変身する」といったものや、「（魔女などによって）狼の姿に変えられてしまった人間」といったモチーフのものが主流です。このような「人間が狼に変身する、あるいは狼に変身させられる」という人狼伝説のモチーフは、広くヨーロッパの民間伝承にみられます。スラヴ人の民間伝承を調べた伊東（1982）は、スラヴ人における人狼信仰は4〜5世紀以前にさかのぼることができると述べています。

　スラヴ地方の人狼伝承には、魔女や呪術師が自らの姿を狼に変えたり、他者を狼の姿に変身させるというものが残されています。19世紀後半の文献によると、ロシアでは、「魔女が狼の姿に変身するには、呪文を唱えながら切り株にナイフを突き刺し、宙返りをして飛び越せばよい。切り株の逆側から同じことを繰り返せば人間に戻れるが、狼に変身している間にこのナイフを盗まれたら、人間に戻ることができない」という伝承が残っているようです。また、ロシアのある地方の伝承では、人間が

化けた狼は、後ろ足の膝が狼のように後ろ側ではなく、人間のように前側にあることで見分けられると信じられていました。また他の地域では、一度人狼となった人間は、眉が大きく繋がっていて、目が真っ赤であることで見分けられると伝えられてきたそうです。もし狼の姿になってしまったら、熊手で打つか、鎖など金属のもので打つか、身に着けているものを投げてやれば、人狼は人の姿に戻るとも伝えられています。

ポーランド民話では、呪術師が人を狼に変えるときに、首にスカーフか革帯を巻きつけます。そして、これを外すと人間に戻るようです。リトアニアにおいても人狼は、呪術師によって狼に変身させられた人間か、もしくは狼に変身した呪術師であるという伝承があります。この伝承での人狼は、歯の形が人間と同じで、首の下に白い斑点があるとされています。そのため人狼が人間の姿になっているときは、首の下の白い斑点を隠すためにスカーフをまいていると信じられてきたようです。

南スラヴの人狼伝承においては、人狼と吸血鬼が同一視されることも多いようです。あるセルビアの俗信によれば、人狼と吸血鬼の違いは、体一面に狼の毛が生えているかどうかの違いであると捉えられています。逆に東スラヴでは、人狼に姿を変えたことがある呪術師が死ぬと吸血鬼になると考えられていました。また、セルビアやスロベニアでは、人狼は月や太陽を食べると考えられており、日食や月食は人狼のしわざという伝説も広まっていたようです。

ではなぜこのような人狼伝説は人々の間で信じられてきたのでしょうか。篠田（1988a, 1988b, 1994）や伊東（1982）は人狼伝説が広く信じられた背景をいくつか述べています。

まず、精神疾患としての人狼です。妄想をともなう精神疾患の症状により、自分自身を人間ではなく獣であると妄執し、獣のように振る舞ってしまった症例が報告されています。自分が獣であるという妄想に執りつかれてしまった結果、夜中に野山を四足で駆け回ったり、唸り声を上げたり、家畜や人間を襲ってしまったという事件の例はいくつか残っているようです。かつて精神病などの研究が進んでいない時代に、このような事件を目撃した人々が「人間が狼に変わってしまった」と解釈して

も不思議ではないかもしれません。

　次に、社会差別としての人狼です。ヨーロッパの地域によっては、教会から破門宣告を受けた者や犯罪者を村から追い出し、森に追放するといった風習がありました。このような村八分を受けて森の中で生活する者を人狼とみなして迫害したという説があります。なお、村八分と上述の精神疾患とは切り離せる問題ではなく、村八分の理由として精神疾患の発症があった可能性も指摘されています。また、ヨーロッパのある地域では、盗人に動物の毛皮を被せて村中を引き回し、「狼」と呼んで見せしめにする風習があったと報告されています。このように人狼は排斥対象としてのイメージももたれていたようです。

　最後に、畏怖のイメージとしての人狼です。狼によって家畜や人間に被害をもたらされていた地方の人々にとって、狼は畏怖の対象でした。その影響から、狼は強く戦うイメージがもたれていたと想像されます。スラヴ地方では、狼に供物を奉げたり、狼の仮装をする「狼祭り」が行われていた地域もあります。また伊東（1982）は、かつてのスラヴ人は、青年が一人前の戦士となるための儀式として、狼に変身するように暗示することで、強い戦士としての振る舞いができるようにする変身儀礼があったと述べています。このような狼への変身儀礼が以降の人狼信仰に繋がったと考察されています。

　以上のように、人狼伝説はさまざまな地域で形を変えながら伝承されてきたようです。直接的に人狼ゲームとは関連しませんが、その世界観の元となった人狼伝説には、さまざまな社会的事由や風習が存在していたようです。

第2章　人狼ゲームと嘘

　　　ドリス　「あたしは占い師よ！　昨夜、人狼を一匹見つけたわ！　パンジーが人狼！」
　　　パンジー　「ドリス、君は嘘をついている。なぜなら本物の占い師は僕だ。」
　　　ドリス　「いいえ、パンジーは狼！　嘘をついているのはあなたでしょ！」
　　　パンジー　「君が人狼なんだろう？　それとも人狼に味方する狂人か？」
　　　ダンカン　「あのー、僕が本物の占い師ですが・・・」

　人狼ゲームでは、人狼側のプレイヤーは正体を隠したり、嘘をつきます。たとえば人狼は、村人側のプレイヤーを指し「こいつは人狼に違いない」と言って濡れ衣を着せたり、「自分が本物の占い師である」と宣言して、虚偽の占い結果を他のプレイヤーたちに伝えたりします。村人は人狼の嘘を見破り、真実の情報を採択しなければなりません。このような「嘘をつく・嘘を暴く」という点が、人狼ゲームにおける一番の特徴であるといえます。人狼ゲームでは、嘘と真実が混ざったコミュニケーションを行いながら、疑いあったり信じあったりしながら、人狼側と村人側が議論による戦いを繰り広げます。
　そして嘘というものは、人狼ゲームのような「フィクションの世界」の中にだけ存在しているものではありません。われわれの周りでも日常的に嘘のやりとりはされています。われわれは非日常的なゲームの中だけではなく、現実の日常生活においても、嘘の混ざったコミュニケーションを行っているといえるでしょう。
　この章では、嘘を扱った心理学研究を紹介しながら、心理学的な根拠を

もとにした「嘘を見破る方法」について論じていきます。嘘をついたときのしぐさ・言葉に関する研究や、嘘を見破る可能性をあげるためのテクニックに関するトピックなど、幅広く扱っていきます。

嘘とは何か

　　ダンカン　「もう4日目だ。自称占い師のドリスに聞きたいのだが、君から見て人狼は誰なんだ？」
　　ドリス　「もちろんあたしが占って狼だと知っているパンジー、そしてすでに死んだけどクリスは人狼だったと思う。あとはマドックかデイジーかハイラムのうち一人が人狼よ！」
　　ダンカン　「それはおかしい。クリスは人狼に襲われて死んだんだ。クリスが人狼であるわけがない。」
　　パンジー　「ドリス、ようやくボロを出したな。君が嘘つきだとはっきりしたようだ。」
　　ドリス　「…違うの、嘘じゃないの！　ただの勘違い！」
　　ダンカン　「勘違い？　嘘のつじつまが合わなくなっただけじゃないか？」

　日常的にわれわれは嘘を交えたコミュニケーションをとっていると述べましたが、そもそも「嘘」とは何でしょうか。『広辞苑』（第六版，岩波書店）によると、嘘とは「1. 真実でないこと。また、そのことば。いつわり。 2. 正しくないこと。3. 適当でないこと」とあります。これを見ると、「嘘」という言葉は非常に広義な事柄を示していることがわかります。一方で心理学のさまざまな概念や現象について解説している『心理学辞典』（有斐閣）によると、嘘とは「意図的に騙す陳述を指し、単なる不正確な陳述とは異なる」と説明されています。広辞苑の説明ですと、単なる言い間違いや記憶違いもまた、「真実ではない・正しくない・適当ではない」ことに当てはまり、嘘であることになります。しかし心理学辞典の説明だと、単なる言い間違いや記憶違いなどは「真実でない（不正確な）陳述であるが、

意図的に騙してはいないために、嘘ではない」と捉えられます。この本では、「嘘」の定義を「意図的に誰かを騙す陳述」といった心理学辞典の定義に沿って扱っていきます。

　「嘘」という現象は、人狼ゲームにおいてだけではなく、日常生活においても非常に一般的な現象であるといえます。この世に生を受けてから、一度も嘘をつかずに一生を終える人間は、まずいないといえるでしょう。余談ですが、記述回答式（自分で質問文を読み回答する形式）の心理検査では、たいてい「Lie Scale（嘘尺度）」という、回答者が嘘をつかず正直に回答しているかをチェックする項目をいくつか含ませます。この Lie Scale では「私は今まで一度も嘘をついたことがない」などの項目を用いることが一般的です。「私は今まで一度も嘘をついたことがない」などの質問項目に「はい」と回答している回答者は嘘をついている可能性が高く、他の心理検査項目の回答も信用できないと判断します。この考え方の前提には、「一度も嘘をつかない人間はいない」という暗黙の事実が存在していることがわかります。

　それでは、われわれは日常でどれくらい嘘をついているのでしょうか。村井（2000）は、青年に記録用紙をもたせて一週間ふつうの生活を過ごしてもらい、他者に対して嘘をついたときや、他者が嘘をついたと感じたときに記録してもらうという調査を行いました。その結果、男性は1日あたり平均1.57回、女性は平均1.96回も嘘をついていることが明らかになりました。また、この調査によると、他者が嘘をついたと感じた頻度は、1日あたり平均0.36回でした。

　この調査結果は非常に興味深い事実を示しているといえるでしょう。第一に、人間は1日に数回程度は嘘をついているという点です。村井（2000）の調査方法ですと、自分が意識せずに虚偽の情報を提示してしまった場合などは、記録から漏れ落ちることになります。そのため実際には記録から漏れ落ちている嘘があると予想されるため、われわれが1日の間に嘘をついている頻度は、村井（2000）の調査結果よりも多いことが推測できます。第二の興味深い点として、他者が嘘をついたと感じた頻度は、自分が嘘をついた頻度に比べて少ないということです。このことから、われわれ

は他者の嘘に対して鈍感なまま、日常生活を送っていることが推測されます。以上のことから、嘘は日常的にわれわれの周りで生じている現象であり、われわれは多くの嘘を見破ることができずに生活しているといえるでしょう。

　嘘が日常的な現象である一方で、嘘は社会一般的に「良くないもの」と捉えられています。嘘をつくことは社会規範に反した行動であり、多くの人間は「嘘をついてはいけない」と教えられ育てられてきました。われわれは他人に嘘をつかれると、不愉快な気分になったり、嘘をついた人のことを「信用できない人間だ」とみなしてしまったりします。

　アンダーソン（1968）や、青木（1971）、齊藤（1985）などの研究によると、多くの人は「嘘をつく」という性格を「人として好ましくない性格」であると捉えていることが明らかにされています。また、アメリカ精神医学会（American Psychiatric Association; APA）が作成した「精神障害の診断と統計の手引き（Diagnostic and Statistical Manual of Mental Disorders; DSM）」では、「嘘をつくこと」を「反社会的行動や問題行動・攻撃行動」の中のひとつに位置づけています。つまり嘘は、<u>日常的な現象ではありますが、その反面、われわれは嘘をついてはいけないことも知っている</u>といえるでしょう。

　しかし、嘘をつくことが「良いこと」となる場合も存在します。『ライフ・イズ・ビューティフル』という映画を例として説明しましょう。この映画は、ナチス・ドイツによってユダヤ人強制収容所に送られた親子の様子を描いた物語です。主人公の男性は、母と引き離されて悲しむ子どもに対して「これはゲームなんだ。泣いたり、ママに会いたがったりしたら減点。いい子にしていれば点数がもらえて、1000点たまったら勝ち。勝ったら、本物の戦車に乗っておうちに帰れるんだ」と嘘をつきます。この主人公の嘘によって、子どもは絶望することなく生き延びることができた、というストーリーです。この映画のケースについて、子どもに対して嘘をついた主人公を「問題行動をとった酷い人間だ」と捉える人はいないでしょう。この映画における嘘は、「嘘も方便」という言葉が示すとおり、嘘によって人を救った「良い例」といえるでしょう。

　このような特殊な例ではなくとも、われわれは日常的に「良い嘘」をつ

いています。たとえば、友達が新しい洋服を着てきたときに、その洋服が友達に似合っていなくても、友達を気遣って「似合っている」と言うこともあるでしょう。恋人からプレゼントをもらったときに、実際の気持ち以上に喜びを表現してみせたりすることもあるでしょう。こういった行為も嘘の一種といえますが、これらの嘘は、結果的に良い方向に機能することが予想できるでしょう。

　このように、嘘が良い結果をもたらす場合も例外的にあります。しかし一般的に、われわれは嘘をつかれることを不快に思うことが多く、他者に騙されることを嫌う傾向にあります。インターネットの検索エンジンで「嘘」と入力すると、「見破る方法」といったワードが一緒にあがってくることが多いようです。われわれは日常的に嘘をついていますが、他人に騙されたくはないし、他人の嘘をできるだけ見破りたいと考えているのです。

「嘘」を学ぶことは重要

　人狼ゲームにおいて村人側は、人狼の嘘を見破らなければ、ゲームに勝つことができません。人狼ゲームにおいては、村人側は嘘を見破ることが非常に重要となります。しかしこれはゲーム内だけではありません。日常生活においても、嘘を見破ることが重要となるケースは非常に多いといえます。他者を疑おうとせずに、他者の言葉のすべてを無条件で信頼するような性格は、一見すると素晴らしい特徴にも受け取ることができます。しかし、盲目的に他者の言葉のすべてを信じてしまうことには多大な危険があるといえるでしょう。悪意ある他者の言葉を信じてしまうことで、被害を受けてしまうことが実際にあります。詐欺事件の被害者や、借金の連帯保証人となったために苦しむ人の話は、決してドラマなどのフィクションの中だけではないのです。

　筆者（丹野）自身の話で恐縮ですが、筆者は大学の心理学研究法の講義において、毎年必ず学生に対して批判的思考（クリティカル・シンキング）の重要性について述べることにしています。批判的思考とは、文字通

り「批判的に物事を考え、物事を盲目的に肯定しない」ための思考法です。「批判」は「否定」と似たような言葉と捉えられることが多いですが、「批判」は「物事に検討を加えて、判定・評価すること」という意味をもっています。「よく考えて判断すること」が批判なのであって、無条件に何でも否定して受け入れないことは批判とはいいません。心理学に限らず、あらゆる学問領域における研究は、先行知見を批判的に捉え、疑うことからスタートします。そのため、心理学の研究方法を学ぶ上では、正しく批判を行うことが重要となるのです。また講義を受講する学生には、研究場面だけではなく日常生活においても、安易な判断をせずに、まずじっくりと検討を行うことがとても重要であると念を押しています。

　誤解のないように述べておきますが、「他者を信じないことが良いことである」と言いたいわけではありません。自分の周りの他者すべてが「嘘つき」であると感じるようになってしまったら、それはまた別の大きな問題を抱えているといえます。他者を信じることも重要ですが、それでも他者の嘘に対して敏感であることは、自分の身を守ることに繋がるという点で、重要なスキルなのです。

　また、自分が本当のことを話しているのに、他人からは自分が嘘をついているように感じられてしまうこともあるでしょう。特に人狼ゲームでは、ゲームをしている人の中に嘘をついている人間が確実にいると周知されているため、全員が疑心暗鬼になっています。そのため、自分が嘘をつかずに本当のことだけを言っている村人であるのに、周りの人間から嘘つきの人狼だとみなされてしまうことは、人狼ゲームではよくあります。これに似たような状況は人狼ゲームだけではなく、非常に残念ながら、日常生活でもありえるでしょう。たとえば恋人が、自分に身の覚えのない浮気疑惑を訴えてきたとします。自分は身に覚えがないので、恋人に対して潔白を主張します。自分は正しいことしか言っていないのに、疑心暗鬼に囚われた恋人は、自分の言葉をまったく信じてくれません。それどころか、自分の主張を単なる言い訳と捉えて、逆に怒りと悲しみを爆発させるかもしれません。これと同様のシチュエーションとして、冤罪事件なども例にあげられるでしょう。警察も検察も裁判官も、自分の潔白を信じてくれず、自

分は真実を述べているのに、大嘘つきの犯罪者として扱われるのです。大変な悲劇です。

　このようにわれわれは、残念なことに、場合によっては嘘をついていなくても、嘘つきだと他者から判断されてしまうこともあります。前述のような重大なシチュエーションに限定しなくても、われわれは日常生活で、他者からのメッセージを、真偽の確定はできないが「なんとなく嘘っぽい」と感じることはあるでしょう。同様に、あなた自身のメッセージも他者には「なんとなく嘘っぽい」と感じられていることがきっとあるはずです。もしもこのように、自分が本当のことしか言っていないのに、他者から嘘っぽいと感じられることが多ければ、それは大きな損です。他者から嘘っぽいと感じられないようにメッセージを送ることもまた、日常生活においては大切な要素であるといえるでしょう。

　以上のように、<u>「他者の嘘や隠し事に敏感であること」「嘘っぽいと感じさせずにメッセージを伝えること」は、日常生活においても重要なスキルであるといえます</u>。「嘘っぽいと感じさせずにメッセージを伝えること」に関しては、プレゼンテーション・スキルの一部として捉えられ、会社や大学などの研修でトレーニングを受けることもあります。一方で、「他者の嘘や隠し事に敏感であること」に関しては、トレーニングする機会はなかなかありません。その点で、<u>人狼ゲームは「嘘っぽいと感じさせずに、上手にメッセージを伝える」スキルや「他者の嘘や隠し事に敏感である」スキルのトレーニングには、非常に適しています</u>。上述のように、人狼ゲームでは「誰かが絶対に嘘をついている」という特殊な状況を経験できます。<u>この状況をゲームとしてロールプレイすることで、嘘や隠し事が含有されている場面での適切な対応が体験的に学習できます</u>。

しぐさから嘘を見破れるか

　　エスター　「ハイラム、あなたは人狼なのですか？」
　　ハイラム　「いいえ違います。私は人間です。」

エスター　「本当ですか？」
ハイラム　「本当です。」
エスター　「…でも私には、あなたが人狼に見えてしまいます。」
ハイラム　「なぜですか。私の発言におかしなところがありましたか？」
エスター　「特に発言にはおかしなところはありません。でも、あなたの様子を見ていると、なんとなくふだんと違うような気がします。」

　心理学では、嘘に関するさまざまな研究がなされてきました。その中には嘘を見破るための方法に注目したものも多く、警察の取調べ等で活用されている知見も多くあります。一概に嘘を見破る方法といっても、さまざまなアプローチ方法があります。相手のしぐさや表情から嘘を見破る方法に注目したものもあれば、いわゆる嘘発見器に代表されるような、心拍・発汗・脳波などの身体の生理的反応から嘘を見破ろうとするアプローチもあります。また、われわれはどのようなときに「相手が嘘をついている」と感じやすいかに着目した研究もあります。
　心理学者だけに限らず、多くの人間は他人の嘘を見破りたいという欲求をもっています。そのせいか、「嘘の見破り方」に関しては、さまざまな俗説が飛び交っていますし、妥当性が怪しいノウハウ本も多く存在しています。テレビのバラエティ番組などで「嘘を見破るプロ」を自称する専門家が、簡単にできる「嘘の見破り方」を披露しているシーンを見たことがある人も多いでしょう。しかし、これらの「嘘の見破り方」は、自称専門家の経験則から提言されたものもあり、科学的根拠がどの程度あり、信頼できるものなのかはわからないというのが実際です。人狼ゲームの愛好家たちの多くも、それぞれ自分の経験や信念にもとづいた嘘の見破り方をもっているようです。
　われわれが日常的に用いている嘘の見破り方を概観すると、２つに分類することができます。一つ目は、メッセージ内容からその真偽を判断する方法です。そしてもう一つは、メッセージの内容以外、相手の表情や身体の様子といった「しぐさ」に注目して真偽を判断する方法です。われわれは他者からのメッセージが本当か嘘かを判断するときに、メッセージの内

容以外もまた手がかりとして使っています。

　『ピノキオの冒険』という有名な童話で、生命をもった木製の人形のピノキオは、嘘をつくと鼻が伸びてしまうため、嘘をついているかどうかが一目で他者からわかってしまいます。『ジョジョの奇妙な冒険』という漫画に登場するブチャラティという人物は、他人の汗の様子から嘘をついているかどうかを判別することができるという特技をもっています。このようにフィクションの世界においても、人間は嘘をつくとその身体に何らかの反応が生じる様子が描写されることがあります（もっともピノキオは人間ではありませんが）。このことからも、われわれは嘘を判断する際にメッセージの内容だけではなく、嘘をついたときの身体の変化やしぐさもまた判断材料として用いていることがわかります。しかし、実際にはわれわれは、ふだんの生活で嘘をついたときに鼻が伸びるということもないし、相手の汗のかき方から嘘を見破ることはなかなか難しいでしょう。では、われわれは嘘を見破る際に、どのようなしぐさに注目すればよいのでしょうか。

　嘘の見破り方に関しては、心理学の領域の中でも科学的に研究が続けられてきました。嘘に関する心理学論文は、一説には数千本は発表されているそうです。嘘に関する研究をレビューしている箱田（2006）は、心理学での科学的な嘘発見研究の歴史はおおよそ70〜80年程度であると述べています。この1世紀弱の間に、心理学の領域において相当数の嘘発見研究がなされてきたといっても過言ではないでしょう。

　それでは、これらの研究成果を活用することで、しぐさから他者の嘘を見破ることができるのでしょうか？　嘘を研究している心理学者は、他者のしぐさを見るだけで、嘘を見破ることができるのでしょうか？

　この問いに対して、多くの研究者の間で共通した答えが出されています。それは「<u>しぐさから嘘を完全に見破ることはできない</u>」ということです。もう少し正確に述べるのであれば、「<u>すべての人間が、すべてのシチュエーションで、嘘をついたときに、共通して必ず生じるようなしぐさは存在しない</u>」ということが、嘘に関する心理学研究者の中では共通した見解となっています。

当然ながら、しぐさやクセには個人差があります。ある人物が嘘をついたときに出てしまうしぐさがあったとしても、他の人物が嘘をつくときにはまったくそのようなしぐさをとらないこともあるでしょう。また、自分に嘘をついたときとってしまいやすいしぐさがあったとしても、違うシチュエーションで嘘をついたときにはそのしぐさは生じないかもしれません。また、対面している相手によっても反応は異なります。恋人と接しているときと、上司と接しているときと、初対面の相手と接しているときとで、われわれは必ずしも共通した反応・行動をとっておりません。さらに、嘘の内容によっても、それに付随して生じるしぐさは変わるでしょう。もしバレたら大きな損害を被るような嘘をつく場合と、日常会話の中でちょっとした嘘をつく場合とでは、心構えも生じる反応も変わってくるでしょう。以上のように、「このしぐさだけに注目していれば、いつでも誰が相手でも嘘を見破ることができる」といったピノキオの鼻のような万能ツールは、実際には存在していないといえます。

　それでは、われわれは嘘を見破ることができないのでしょうか。ドラマなどで名刑事が容疑者を尋問して、その反応から嘘を見破るシーンはよくありますが、それはあくまでフィクションの世界だけの話なのでしょうか。確かに前述のとおり、100％の確率で嘘を見破ることは不可能に近いといえます。その一方で、ここまでの説明とは矛盾しているように感じるかもしれませんが、「嘘をついたときに生じやすいしぐさ」の存在を示唆する研究成果も多数発表されていることも事実です。つまり、人間が嘘をつくときにふだんと違うしぐさが生じている可能性が、いくつかの研究によって示されています。では、このような「嘘をついたときに生じやすいしぐさ」に着目することで、われわれは嘘を見破る可能性を上げることができるのでしょうか。

　われわれが他者とコミュニケーションをとるときは、相互にメッセージを送りあい、それを受信して、メッセージの内容を解釈することで、意思の疎通を行っています。コミュニケーションによって送られるメッセージの種類を大きく分けると、言語内容によるメッセージ（言語的コミュニケーション）と言語以外からのメッセージ（非言語的コミュニケーション）

の2つがあります。しぐさは、非言語的コミュニケーションの一部といえます。われわれは言葉がなくても、そのしぐさによって相手にメッセージを伝えているのです。そしてコミュニケーションにおける情報量という点では、言語的コミュニケーションよりも非言語的コミュニケーションのほうが圧倒的に豊富であることが明らかとなっています。極端な例だと、メーラビアンとウィナー（1967）の研究結果では、コミュニケーションのもつ意味の93％は非言語的コミュニケーションによって生じており、言語的コミュニケーションはわずか7％程度しか情報を生んでいなかったことが報告されています。また、ローテンバーグら（1989）の研究によると、非言語的コミュニケーションと言語的コミュニケーションが不一致の場合、非言語的コミュニケーションに本当の気持ちが漏れ出しやすいことが明らかにされています。つまり、われわれは嘘をついたとき、言葉よりもしぐさにその情報が表れてしまいやすいと考えられます。

　ではなぜ嘘をついたときに、しぐさに表れてしまうのでしょうか。われわれは他者に対して嘘をついて騙そうとするときは、真意を隠し、嘘がバレないように注意しながら、相手に対して真実ではないメッセージを伝えようとします。その際に、メッセージ内容だけではなく、自分自身の心身の状態をコントロールしようと働きかけます。このとき自分自身の心身の状態に対して自分の意識を向けることになります。これを心理学では自己意識と呼びます。自己意識は他者から注目されているときなどに高まりやすく、緊張しやすい人などは自己意識が高まりやすい性格であるといわれています。そして、嘘をつく際に自己意識が高まると、身体の覚醒水準が増し、われわれの身体にさまざまな反応が生じることが明らかになっています。覚醒水準の上昇によって生じる身体の反応は、緊張したときの経験を思い出すとわかりやすいでしょう。具体的には、消化器の運動が活性化するために胃や腸が過剰に動きだしたり（お腹が痛くなる）、血流が活発化して心臓が高鳴ったり（心臓がドキドキする）、体温が上昇したりする（汗をかく）などの反応が生じます。内臓への影響だけではなく、覚醒水準が上昇すると、われわれの筋肉や脳のはたらきにもさまざまな影響が生じます。そしてこれらの覚醒水準の上昇にともなう身体の反応は、自分の意志

で完全にコントロールすることが困難です。そのため、嘘をついたときに生じた身体への影響をコントロールしようとしても、反応の一部がコントロールしきれずに漏洩してしまいます。この漏洩した反応と、平常時の反応の差異が他者から確認されると、嘘をついていることがしぐさからバレてしまいます。

　嘘をついたときに生じる身体への影響は、コントロールしやすいものとコントロールしにくいものがあります。そしてコントロールしにくい反応は、嘘をついたときに隠そうとしても漏洩してしまいやすい、つまり多くの人が嘘をつくときに生じやすいしぐさと考えられます。また、コントロールしやすい部位とコントロールしにくい部位の間に不一致が生じている場合、それもまた大きな嘘発見の手がかりになりえます。たとえば表情はリラックスしているようであっても、手や指の動きに緊張している様子が感じられる場合、顔の反応と手指の反応間に不一致が生じていると捉えられるでしょう。エクマンとフリーセン（1969）は、嘘をついた際に生じる身体の反応について、顔は胴体よりもその反応をコントロールしやすいと述べています。また、顔は胴体よりも多くの情報をもっていると考えられており、他者の注目を集めやすく、コントロールに意識が向けられやすいとされています。そのため、嘘をついたときは、顔と胴体とで反応に不一致が生じやすいと考えられます。

　以上のように、「100％の確率で嘘を見破ることができるしぐさ」は存在しないが、しぐさの中には嘘を発見する手がかりが存在しているといえるでしょう。そして、嘘をついたときに出てしまいやすいしぐさと、出てきにくいしぐさが存在しているようです。では、どのようなしぐさに注目すれば、嘘を見破りやすいのでしょうか。

嘘を見破る手がかり

　　　エスター　「ハイラムはずっと腕組みをしていますね。」
　　　ハイラム　「これはふだんからのクセです。」

エスター 「なぜ目をそらすのですか。」
ハイラム 「そらしていませんよ。」
エスター 「まばたきも多いように見えます。やはりあなたは嘘をついているように感じます。」

　われわれがふだん嘘を見破るときは、どのようなことに注目しているのでしょうか。これについて和田（1993）は興味深い研究を行っています。専門学校に通う女子学生に対して、非言語的コミュニケーションを20個提示して、嘘をついたときにそれぞれの様子に変化が生じると思うかを回答させました。調査に用いた非言語的コミュニケーション20個は、「見てわかるもの」10個と「聞いてわかるもの」10個でした。見てわかるものは、「瞳の大きさ、視線の交錯、まばたき、微笑、頭の動き、ジェスチャー、体をいじる、足・脚の動き、姿勢変化、うなずき」でした。聞いてわかるものは、「答えるまでの時間の長さ、発言の長さ、発言数、話のスピード、会話での言い誤り、口ごもり、音声の高低、ネガティブな陳述、不適切な情報、自分についての言及」でした。これらの事柄について、人が嘘をついたときにふだんの様子と違いが出ると思うかどうかを尋ねました。この調査では、(1) 自分が嘘をついているとき、(2) 親友が嘘をついているとき、(3) 知人が嘘をついているときの3つの場面について想定を求め、それぞれの場面ごとに回答を求めています。なお、それぞれの項目について、嘘をついているときにふだんと比べて変化するかという質問に加えて、それらの事柄が増えるか減るかについても回答を求めています。

　和田（1993）の調査からわかったことは、次のようにまとめられます。まず、われわれは知人や親友が嘘をつくときは平常時としぐさが変化しやすいと考えているが、その一方で、自分自身が嘘をつくときはしぐさの変化が少ないと考えているということがわかりました。つまり自分以外の人間は嘘をついたときにしぐさに表れやすいが、自分自身が嘘をついたときにはしぐさをコントロールできると考えているようです。さらに、非言語的コミュニケーションの種類別に結果を見ていくと、20項目中17項目について、嘘をついたときに変化があると考えられていることが明らかにな

りました。具体的には以下のような結果となりました。

- 嘘をついたときに平常時より増加すると考えられている項目
  瞳の大きさ　まばたき　頭の動き　ジェスチャー　体をいじる　足・脚の動き
  姿勢変化　うなずき　答えるまでの時間の長さ　話のスピード　会話での言い誤り
  口ごもり　音声の高低　ネガティブな陳述　不適切な情報　自分についての言及
- 嘘をついたときに平常時より減少すると考えられている項目
  視線の交錯（目を合わせる）
- 嘘をついたときに増加するとも減少するとも考えられている項目
  微笑　発言の長さ　発言数

　これらの結果をまとめると、われわれは他者が嘘をつくときには、さまざまなしぐさが増加しやすいと考えているようです。一方で、視線の交錯、つまり目を合わせる行為は、嘘をついていると減少すると考えているようでした。

　上述の和田（1993）の結果は、嘘をついたときのしぐさについて、われわれがふだんもっている考え方、つまり「信念」を整理したものです。では実際に上記のような「信念」は正しいのでしょうか。和田（1995）は、実験参加者に美しい景色の写真を見せて、その写真の様子をそのまま説明させる（本当のことを言わせる）ことと、見ている写真の内容とは逆の内容を伝えさせる（嘘をつかせる）ことをそれぞれ行い、ビデオに録画するという実験を行いました。そして、本当のことを言っているときと、嘘をついているときの様子を比較して、しぐさにどのような違いが生じているかを検討しました。

　その結果、発言中に視線を向ける回数と、まばたきの回数に関しては、嘘をついたときには本当のことを言っているときよりも増加していることが明らかになりました。一方で、発言時間、発言回数、視線を向ける時

間に関しては、嘘をついたときのほうが減少していました。つまり和田（1995）の実験結果は、嘘をついていると、まばたきが増え、相手に対して視線を向け続ける時間は短くなるが、何度も相手に対してちらちらと視線を向けるようになることを示しています。さらに、嘘をついていると、発言数は全体的に減少する傾向にあると読み取れます。

　また、和田（1995）の実験では、嘘をつくまでの時間的猶予が長い場合と短い場合を設定し、その違いを調べました。その結果、嘘をつくまでの時間的猶予によって、発言の様相に若干の違いがみられました。嘘をつくまでの時間的猶予が短い場合は、本当のことを言う場合に比べて、言い直しをする回数が少ないという結果が得られました。一方で、嘘をつくまでの時間的猶予が長い場合は、言い直しの回数が増えていました。これについて和田（1995）は、嘘をつくための時間的猶予が長い場合は、あらかじめどのように嘘をつくか「ストーリー」を用意することができるため、自分で用意した「ストーリー」から発言がずれてしまったときに言い直してしまうのではないかと考察しています。このように和田（1995）の結果から、まばたきや視線といった目の動きや、発言数、言い直しの回数などのしぐさは、嘘をついたときと本当のことを言ったときとで差が生じている可能性が示唆されています。このように、嘘をついたときの反応について、われわれのもつ信念と実際に生じる反応には、ズレがあるようです。

　また和田（1995）とはやや異なる結果を示した実験もあります。大坊と瀧本（1992）は、大学生を対象とした実験を行い、2者間での会話場面を設定し、嘘をついたときと本当のことを話したときでは、しぐさに差がみられるか検討しました。互いに面識のない同性の大学生2名をペアにして、賛成・反対の態度が顕著に分かれる話題（「男女の間で友情は成り立つか」「公害問題の責任」など）について会話をさせました。その際にあらかじめ各話題に関する賛成・反対の態度を確認しておき、一方の人物には自分の態度とは逆の意見を述べるように要請しました。もう一方の人物には、自分の態度に沿った素直な意見を述べてもらい、また、会話の相手が自分とは反対の態度で意見を述べるように要請されていることは伝えませんでした。そして、この2者の会話中の様子を、隠しビデオカメラで撮影し、会

話中のしぐさ（発言のパターン、視線、自分の体を触る様子）を分析しました。

　大坊と瀧本の実験の結果、嘘をついている場合は本当のことを話している場合よりも発言が長く、特にこの傾向は男性よりも女性で顕著でした。発言の中断（言いよどみ）や相手に視線を向ける量は、嘘をついている場合とそうでない場合とで差がみられませんでした。自分の体を触る時間については、触る部位によって異なる結果が得られました。顔・頭への接触については、嘘をついている場合と本当のことを話している場合とで差がみられませんでした。その一方で、手や腕への接触については、嘘をついている場合に増加しており、特に男性は女性よりも顕著な傾向がみられました。つまり、大坊と瀧本の実験結果をまとめると、嘘をついている場合には、発言が増加し、手や腕への接触が増えると示唆されました。一方で、言い淀みや、相手への視線については、嘘をついていてもコントロールができ、嘘をついたときのしぐさとしては表れにくいと示されました。

　なお大坊と瀧本（1992）の実験において、会話後に会話相手への印象を評定させたところ、嘘をついていた者は本当のことを話していた者と比べて、「まじめで、仲良くやっていける」と評定されていました。また、男女で結果を比較すると、嘘をついていた者への評定には性差がみられました。男性の場合には、嘘をついていた者は「おしゃべりで、ユーモアがない」と評定されていました。その一方で女性の場合では、嘘をついていた者は「饒舌で、ユーモアがあり、感じがよく、魅力的」と捉えられていました。この結果をまとめると、嘘をついている人物に対してわれわれは、饒舌でまじめな印象が増し、どちらかというと魅力的な人物に見えてしまうようです。われわれは前述のとおり「嘘つきは嫌いである」という信念をもっている一方で、大坊・瀧本（1992）の実験結果を踏まえると、実際には嘘をついている人物のほうを魅力的に感じてしまっているのかもしれません。

　さて、嘘をついたときのしぐさについて研究した和田（1995）と大坊・瀧本（1992）の実験結果をまとめると、以下の表のようになります。

実験結果から示唆された嘘をついたときに生じるしぐさ

	和田（1995）	大坊と瀧本（1992）
目の動き	まばたきが増え、相手に対して視線を向ける時間は短くなる。相手に対して視線を向ける回数は増える。	相手に対して視線を向ける量は差がみられない。
発言	発言時間、発言回数は減少する。時間的猶予が長いと、言い直しの回数は増える。時間的猶予が短いと、言い直しの回数は減る。	発言が長くなり、饒舌な印象が増す。発言の中断（言い淀み）には差がみられない。
自己接触		自分や手の腕を触る時間が増える。

　2つの実験はどちらも嘘をついたときのしぐさの変化を検討した研究であるにもかかわらず、得られた知見には大きな違いがあるといえます。では、この2つの実験結果のうち、いずれかが正しい実験結果であり、もう一方は大間違いなのでしょうか。

　実は、嘘発見の心理学研究においては、研究間での結果のバラつきが非常に大きいという事実が存在しています。ある実験では嘘をついたときに顕著な変化がみられたが、別の実験では変化がみられないなど、結果が一貫しないことが多々あるのです。この事実は、嘘をついたときに生じる反応が、嘘の内容や状況、または個人差によって大きく変化することを示しています。つまり、しぐさから嘘を見破るのが非常に難しいことを、嘘発見の専門家ほど痛感しているのです。実験を行って、嘘を見破る手がかりが得られたとしても、ひとつの実験結果だけでは、その妥当性がどの程度あるのか判断が難しいのです。

　とはいえ、これまでに嘘を見破る手がかりについて、たくさんの研究がされ続けてきました。それらの研究で、嘘を見破るための手がかりに関していくつもの知見が得られてきました。そこでデパウロという研究者たちのグループは、116本の嘘の手がかりに関する研究論文を集めてレビューを行いました。その結果、これらの研究論文の中で、158種類もの嘘の手がかりについて検討がされてきたとまとめています（デパウロら, 2003）。

そこでデパウロたちは、これら嘘の手がかり158種類のうち、複数の研究で効果が検討されている88種類について、その有効性を統計的に再分析しました。88種類の嘘の手がかりのうち、複数の研究で共通して有効性が高いと統計的に判断された手がかりを、以下の表にまとめました。

嘘をついたときの手がかりのうち有効性が認められたもの

発言に関するもの
　直接的な発言が減る（曖昧な発言が増える）
　発言の長さが短くなる
　詳細な情報の量が減る
　自発的な発言の訂正が減る
　発言の一貫性が減る
　発言のもっともらしさが減る
　発言の文脈に関する説明が減る
　ネガティブな発言が増える
　同じ言葉の反復が増える

態度や様子
　協力的な態度が減る
　緊張している様子が増える
　声の緊張が増す
　声の高さが高くなる
　愉快な表情が減る
　そわそわした様子が増す

身体の反応
　瞳孔が拡大する
　あごを上げるしぐさが増す
　唇をぎゅっと結ぶしぐさが増える

注：太字は特に有効性が高いと判定された項目

　この結果を見てわかるとおり、われわれが嘘をついたときに生じやすいしぐさだと信じていた「まばたきや視線の交錯、姿勢の変化、手・足・頭の動き、うなずきの量、自分の体を触る」といったものに関しては、一貫した有効性が確認できなかったといえます。つまり、これらのしぐさは明白な嘘の手がかりにはならない可能性が示唆されたといえます。その一方で、あごを上げるしぐさや、唇を結ぶしぐさなどは、嘘をついたときの手がかりとして有効性が示唆されました。あごや唇といった一見注目がされ

にくいしぐさが、嘘の手がかりとして有用である可能性が示唆された点は、非常に興味深いといえます。

　また、デパウロたちの研究結果から、われわれは嘘をついたときの声のコントロールも困難であることが示唆されています。<u>われわれが嘘をついているときには、声の緊張感が増したり、声の高さが高くなる傾向があり、これもまた嘘を見破る手がかりとして有用</u>となりうるといえるでしょう。

　さらに、発言の様子に着目することで、嘘を見破る可能性が増すことも示唆されています。デパウロたちの研究結果から、<u>嘘をついていると直接的な発言が減ったり、詳細な説明が減ったりと、明言を避ける傾向がみられます。また、嘘をついていると発言の一貫性が減り、会話相手から発言が「もっともらしくない」という印象を抱かれるようになる</u>ようです。さらに、発言の内容にネガティブなものが増えたり、同じ言葉を反復的に用いるといった様子がみられています。

　嘘をついたときに生じるこれらの発言特徴については、おおよそわれわれが信じていることと合致しているといえるでしょう。このことから嘘を見破りたいときには、声や発言の様子に着目することで手がかりを拾い上げることが可能であると考えられます。また、嘘をついたときに生じやすいとしぐさと考えている「信念」を検討した和田（1993）の結果と、実際の嘘の手がかりの有効性を検討したデパウロら（2003）の結果を比べると、大きな違いがあるといえるでしょう。われわれがもともと嘘を見破る手がかりの「信念」としてもっていたもの多くは、実際には大間違いである可能性が高いといえます。

　上記のように、嘘を見破る手がかりに関しては、いくつか有効性が確認されています。しかし、<u>これらの事柄に関しては、嘘を見破る「手がかり」であり、「証拠」とはなりえません</u>。すなわち、会話中に声が高くなったり、あごが上がったり、唇を結んだからといって、必ずしも会話相手が嘘をついているとは限りません。あくまでも、われわれは嘘をついたときにこれらの反応がコントロールしにくく、漏洩しやすい傾向があると示唆されただけです。また、嘘をついたときの反応のコントロールは、上手な人間もいれば、下手な人間もいます。必ずしも嘘をついた人間が全員、

同じような反応をするわけではありません。すなわち、複数の実験結果から有効性が確認された「嘘を見破る手がかり」も、「ピノキオの鼻」のように完璧に嘘を見破ることができる万能ツールではないといえます。

嘘を見破る可能性を上げるための方法

マドック 「デイジー、なぜ君はみんながそれほど疑っていなかったエスターに投票したのだ？ 明確に理由を答えてくれ。」
デイジー 「それは … ハイラムに対する言動がおかしいように感じて、怪しいと思ったから。」
マドック 「理由は本当にそれだけか？ それ以外に理由はないというのか？」
デイジー 「 … それ以外に理由はありません。なんとなくです。」
マドック 「その割には、自信をもって投票していたように見えたぞ？」
デイジー 「あなたは私を人狼と疑っているのですか？」
マドック 「それを判断するために質問をしているんだ。」

前項で述べたように、しぐさは嘘を見破る証拠にはならなくても、手がかりにはなりうることを示しました。そして同時に、しぐさから嘘を見破ることの難しさについても説明しました。われわれは人狼ゲームにおいても日常生活においても、それらの手がかりを利用しながら、嘘を見破ったり、時には間違ったりしています。

前項で示したデパウロたち（2003）の研究結果からもわかるように、心理学研究者が厳密な手段で行っている実験においても、その成果にはバラつきがあります。人狼ゲームや日常生活の場面においても、一度は効果を発揮した「嘘を見破る手がかり」が別の機会にはまったくの逆効果を発揮してしまうことがあります。なぜこのようなことが起こってしまうのでしょうか。

理由のひとつとして、嘘にはいろいろな種類があるにもかかわらず、多

くの研究や日常場面では、それらを弁別して扱っていないことが考えられます。たとえば、「嘘」と「隠し事（隠ぺい）」は似た概念として扱われることが多いですが、これらは別のことです。人狼ゲームにおける人狼側のプレイヤーは、大別すると、積極的に能力者を騙って嘘をつく人狼と、ただの村人のふりをして自分の正体を隠す人狼が存在します。前者は積極的に他者を騙す嘘をついており、後者は他者を騙すというよりは隠し事をしているといえます。どちらも嘘の一種と捉えられますが、しぐさから嘘を見破る可能性を上げるためには、この2つは区別する必要があります。積極的に嘘をつく場合は、自分で事実とは異なる情報を構成し、その情報を他者に真実であるかのように伝えなければいけません。情報を提示しないよう心がける「隠し事」に比べると、嘘をつく場合は高度な精神活動が必要になるといえるでしょう。

　また、デパウロたち（1996）は、嘘の種類を「まったくの嘘（outright lie）」「誇張表現・過小表現（exaggeration and minimization）」「巧妙な嘘（subtle lie）」の3つに分類できると指摘しています。「まったくの嘘」は、事実とは異なっていることを意図的に伝える嘘のことを示します。たとえば寝坊で遅刻したときの言い訳として、「電車が遅延していたので」「体調がすごく悪かった」などと本当ではない虚偽の事柄を伝える場合がこれに該当します。「誇張表現・過小表現」は、事実よりもその程度を大げさに伝えることや、控えめに伝えることを示します。たとえば友達からもらったプレゼントを実際の喜び以上に表現して感謝を伝えることや、実際は試験前に十分な勉強をしているのに「あまり勉強していない」などと言う場合はこれに該当します。「巧妙な嘘」は、事実を伝える一方で、内容をあいまいにしたり、事実の一部を隠したりすることで、相手に誤解や異なる印象を生じさせることを示します。たとえば航空会社の整備ミスで航空機が欠航となったときに「機体の点検のため欠航」などとアナウンスすることで整備ミスの印象を和らげることが、これに該当します。また、メディアで「また与党議員が議会で居眠り」などと報道して、同議会で他党議員の居眠りの様子を報道しないことで印象を操作することも、「巧妙な嘘」に該当するといえます。

このように、嘘はいくつかの種類に分類することができます。では、このような分類がなぜ重要となるのでしょうか。それは、嘘をついたときに漏洩する反応が、嘘の種類によって異なると考えられるからです。たとえば嘘と隠し事を比較すると、嘘をつく場合は積極的に事実と異なる情報を構成し、他者に嘘がバレないようにそれを伝えなければいけないため、高度な精神活動を必要とします。そのため、自身に生じる負荷や影響は、嘘をつく場合のほうが隠し事のときよりも高いため、心身の反応は活発化しやすく、それらの反応をコントロールすることが困難になりえます。また、デパウロたちの嘘の分類における「巧妙な嘘」「誇張表現・過小表現」に関しては「まったくの嘘」とは異なり、嘘をついている人間自身がそれを嘘であると認識していない場合もあり、罪悪感や緊張といった感情成分が生じにくいと考えられます。つまり、嘘の種類によって、嘘をついたときの反応の大きさが違ったり、生じる反応の様相が異なると考えられるのです。

　嘘をついたときに生じる反応について、ザッカーマンという研究者たちは興味深いモデルを提言しています。ザッカーマンたち（1981）のモデルでは、嘘をついたときには「覚醒」「感情」「認知的負荷」「行動統制」といった4つの心理状態が存在し、それらの状態の組み合わせによって嘘をつく人の反応が決定されると仮定しています。具体的には、<u>嘘を見破られることへの焦りや恐れによる覚醒や、騙すことへの罪悪感などの感情が生じる結果として、視線をそらしたり言い間違いが増えること</u>が指摘されています。また、事実とは異なる嘘の話を構成し、嘘を見破られないように自分や他者に注意を向けることで、さまざまな心理的な負担が生じます。このように、複雑な事柄について考えたり、複数のものに注意を向けるなどによって生じる精神活動の負担のことを、心理学では認知的負荷といいます。<u>バレないようにもっともらしく嘘をつくとき、認知的負荷が増し、その結果として言い淀みや言い間違いや沈黙が増え、質問に対する返答までの時間が増し（反応潜時の増加）、例示動作（説明にともなう手の動き）が減る</u>と指摘されています。そして、嘘をついたときの覚醒・感情・認知的負荷によって生じる反応を、われわれは嘘がバレないようにコントロール

しようと試みます（行動統制）。

たとえば「嘘をついたときは視線をそらしてしまう」と考えている人は、嘘がバレないように、いつも以上に相手に視線を向けるように意識するかもしれません。「嘘をついたときは口数が減る」と考えている人は、嘘をつくときほど口数を増やすように意識するかもしれません。このように嘘をついたときの反応について自覚がある場合、その自覚が正しくてもそうでなくても、それをコントロールするような反応をしてしまう可能性があります。

ただし、このような行動統制をすることにより、他者からは逆に不自然な反応に見えてしまう場合もあります。つまり、行動統制することによって、嘘を隠そうとする意図とは逆に、嘘を見破る手がかりを相手に提供してしまうことになるのです。しかし、このような行動統制が生じると、前述の例のような「嘘をついたときは視線をそらす」「嘘をついたときは口数が減る」といった特徴的な反応は減少してしまい、これらは嘘をついたときの手がかりとして使うことができなくなります。このように、嘘をつくときの反応はさまざまな要因によって変動してしまうために、嘘をついたときに一貫して生じる反応というものは存在せず、その状況や場面によって嘘を見破る手がかりの有効性が変動してしまうといえるのです。

ここまでの説明のように、嘘をついたときの反応から嘘を見破ることは非常に難しいといえます。では、これらの知見を踏まえた上で、嘘を見破る可能性を上げるためには、どうすればよいのでしょうか。これにはいくつかの方法が考えられます。

第1に、嘘の疑いがある人間の認知的負荷を増す方法があげられます。前述のとおり、嘘をついていると認知的負荷が増し、特有の反応（言いよどみ、言い間違い、沈黙、反応潜時増加、例示動作減少）が生じることが明らかにされています。しかし、余裕をもって嘘をついている場合、認知的負荷が小さく、これらの反応は小さくなります。そこで、嘘の疑いがある人間に対してプレッシャーをかけて認知的負荷を大きくすることで、上述の反応が生じやすくなると考えられます。発言者の認知的負荷を上げるための具体的方法を以下にいくつかあげてみます。

- 発言者とアイコンタクトをとり続ける（目を合わせる）
- 「みんなあなたを見てるよ」などと、複数の人間が発言者に対して注意を向けていることを強調する
- わざと理解や回答が困難となる複雑な質問をする
- 質問に対する回答への制限時間を短めに設ける
- 疑わしい発言について詳細を何度も尋ねる
- 疑っていることを明言してから質問をする（ただし相手が防衛的になり行動統制が増す）

　以上の例のような方法を用いて相手の認知的負荷を上げることで、たとえば言いよどんだり、質問への回答までの間が開くなどの特徴的な反応が増すと考えられます。

　第2に、質問方法を工夫して、できるだけたくさんの手がかりを引き出す形式の質問を行う方法があげられます。これまで警察・検察においては、刑事事件の事情聴取や取調べの手続きに関して、さまざまな検討がなされてきました。そして、刑事事件の事情聴取や取調べに関しては、心理学研究者からもさまざまな知見や提言が出されています。たとえば近年では、日本学術会議心理学・教育学委員会の「法と心理学分科会」が「科学的根拠にもとづく事情聴取・取調べの高度化」という提言を公開しています。これらの提言や知見の中で、被疑者への面接の技法が紹介されており、嘘を見破るための方法として活用できるものもあります。それらの中からいくつか嘘を見破るための面接技法を紹介します。

　まず、質問は「はい」「いいえ」で回答できるような選択方式で尋ねるのではなく、自由に報告をさせる方法が効果的であると指摘されています。選択方式だと得られる情報が限定的となり、また回答者が嘘をついている場合でも負荷や動揺が少なく、嘘を見破る手がかりが生じにくいといえます。また、相手を責めるように質問を行わず、できるだけ情報を収集できる形式で質問を行うことが効果的であることが指摘されています。これまで事情聴取や取調べ場面においては、被疑者を責めるように問う「問

責型」取調べと、被疑者に自由報告を求める「情報収集型」取調べが行われてきました。この2つの取調べ方法を比較すると、情報収集型の取調べは問責型に比べると、より多くの情報を引き出すことができ、嘘の手がかりも生じやすくなることが明らかになっています。問責型の取調べは、被疑者の防衛的な姿勢が強くなり、得られる情報も少なくなったり、反応のコントロールが生じやすいことが報告されています。

　そして現在では、前述の知見を踏まえ、自由報告をできる限り求めた上で、さらなる情報を収集する取調べのテクニックが開発されています。ここではSUEテクニック（Strategically Using Evidence technique 戦略的に証拠を用いる技法；ブリルら, 2010）と呼ばれる取調べ方法を紹介しましょう。SUEテクニックとは、被疑者にとって都合の悪い情報や証拠を、取調べの後半に提示する手法です。この手法では、取調べを3つの段階に分けて構成しています。

- 第一段階：被疑者に自由報告を求める。当該事案と関連する事柄に関して、できるだけ多く話してもらう。
- 第二段階：被疑者にとって都合の悪い情報や証拠のことは伝えずに、その情報・証拠と関連する情報について話してもらう。
- 第三段階：被疑者にとって都合の悪い情報や証拠を提示し、これまでの発言との齟齬や矛盾があれば、説明を求める。

　このような段階を踏んで取調べを行うことで、被疑者の嘘を見破る可能性が増すことが明らかになっています。この技法に関しては、必ずしも刑事事件での事情聴取・取調べだけで限定的に有効というわけではなく、日常生活における嘘を見破る方法としても活用が可能と考えられます。

　そして最後に、嘘を見破る可能性を高める方法として、嘘をつく行為者のことをふだんから注目し、よく理解しておくことが重要であるといえます。これまで述べてきたとおり、嘘を見破る手がかりとなる反応は、本当のことを述べているときとは異なる反応として生じます。そのため、ふだ

ん本当のことを述べているときの様子をよく把握していれば、嘘をついたときに生じる違和感や差異に気づきやすくなるといえるでしょう。嘘を見破ろうとするときだけ相手に注目するのではなく、ふだんから相手の様子をよく理解していることが、結果的に嘘を見破る可能性を高めることに繋がるといえます。

専門家は嘘を見破れるのか

  マドック　「私はこれまで、多くの人間を見てきた。嘘をついている人間はすぐにわかる。」
  デイジー　「それはどれくらいの確率で嘘を見破ることができるのですか？」
  マドック　「ほぼ100％と考えてもらっていいだろう。」
  デイジー　「本当に？」
  マドック　「当然だ！」
  デイジー　「それはさすがに嘘でしょう。」

　ここまで述べてきたように、嘘を見破ることは非常に難しいといえます。しかし、嘘を見破る可能性を高めるための方法はいくつか存在しています。この事実から考えられるのは、嘘を見破るのが得意な人間もいれば、逆に嘘を見破ることが苦手な人間もいるということです。実際に人狼ゲームの様子を見ていると、鋭いカンをはたらかせて直感的に人狼を見つけることができる人も多くいます。その一方で、自身のカンだけで人狼を見つけることが苦手な人もいます。これらのことを鑑みても、嘘を見破ることを特技としている人は、どうやら一定の割合でいるように思えます。
　そもそもふつうの人は、どの程度の確率で嘘を見破ることができているのでしょうか。デパウロたち（1985）は、たとえば嘘をついている確率が50％の状況であれば、われわれは50％以上の確率で嘘を見破ることができるが、一方で正答率が50％を大きく超えるということはめったにな

いことを明らかにしています。また、ミラーとスティフ（1993）は嘘発見の研究をレビューし、嘘を見破ることができる確率は「65％を超えることはめったにない」「45％から70％の間」「偶然レベルよりは確率が高いが、それほど大差はない」といった研究結果があることを示しています。これらの研究結果を概観すると、偶然よりも少し高い確率でしか、われわれは嘘を見破ることができていないといえるでしょう。やはりわれわれは基本的に、嘘を見破ることが苦手のようです。

　では日頃から他人を注意深く見ることを仕事としている人間は、嘘を見破ることが得意なのでしょうか。エクマンたち（1999）は、嘘を見破る専門家と考えられる職種の人々を対象に実験を行い、嘘を見破る確率を調べています。エクマンたちの実験によると、もっとも嘘発見で高い成績を残したのはCIAなどの政府役人であり、平均の正答率は73％でした。続いて、嘘に興味をもつ臨床心理学者（67.5％）、保安官（66.7％）、ふつうの臨床心理学者（62.1％）の順に高い正答率を示しました。なお、ふつうの心理学研究者は57.7％と、それほど高くない正答率となっていました。この結果をみると、嘘を見破ることに長けた職種の人間も確かにいるように考えられます。一方で、もっとも高い正答率であった政府役人でも73％という結果から、嘘を見破る能力に顕著な職種差があると結論づけることは難しいという見方もできます。また、ガリードたち（2004）の実験では、警察官と学生の嘘を見破る確率について比較したところ、警察官が嘘を見破る正答率は学生よりも高くはなかったという結果も報告されています。このように嘘を見破る能力の職種比較の結果においても、一貫した結果が得られているとは言い難いのが現状であるといえるでしょう。

　<u>嘘を見破る専門家であっても、100％の確率で嘘を見破ることはできません</u>。また、嘘を見破る専門職と考えられている職種においても、一般人と比較して顕著な嘘発見能力をもっているかは疑わしいといえます。これはなぜなのでしょうか。嘘を見破る専門家の人々は、嘘を見破るトレーニングをしっかりと行っていないのでしょうか。

　嘘を見破るトレーニングに関して、エイクハーストたち（2004）は興味深い研究結果を示しています。エイクハーストたちは従来の研究知見をも

とに嘘を見破るトレーニングを設計して、警察官、ソーシャルワーカー、学生に対してトレーニングを行いました。そして、トレーニングの実施前と実施後の、嘘を見破る確率を比較しました。その結果が以下の表です。

嘘を見破るトレーニングの効果

	トレーニング前	トレーニング後
警察官	66%	55%
ソーシャルワーカー	72%	77%
学生	56%	61%

注：Akehurst et al. (2004) より作成
　　数値は嘘を見破ることができた確率

　エイクハーストらの実験結果によると、トレーニング前とトレーニング後を比較したところ、嘘を見破る確率は顕著に上がったとはいえず、効果はみられていません。むしろ警察官においてはトレーニング後のほうが嘘を見破る確率が下がったという結果に終わっています。すなわち、研究者が過去の知見をもとに作成したトレーニングであっても、残念ながら嘘を見破る技術を上げる効果はみられなかったといえます。

　これらの一連の研究から、われわれが嘘を発見する名手になるためには、一朝一夕では不可能だといえるでしょう。多くのドラマに出てくる名探偵や名刑事のように、あらゆる嘘を見破りたいという夢をもっていたとしても、それはやはり現実的に難しいといえます。確かにドラマなどのフィクションの世界では、嘘を見破る専門家がまばゆい活躍を繰り広げています。中には、嘘を見破るための具体的なテクニックを、もっともらしく紹介しているものまであります。一見すると、このような番組を見るだけで嘘を見破る能力が増すような気もしてきます。実際にこの手の番組を視聴することで、簡単に嘘発見能力が増すことはあるのでしょうか。

　これに関してレヴァインたち（2010）は、アメリカで放送された『ライ・トゥ・ミー（Lie to Me）』というドラマの視聴者を対象としたユニークな研究結果を発表しています。『ライ・トゥ・ミー』は、主人公の精神行

動分析学者が、表情やしぐさに注目することで他者の嘘を見破り、犯罪捜査などで活躍する姿が描かれたドラマです。このドラマの中ではさまざまな嘘を見破るテクニックが紹介されています。そこでレヴァインたちは、このドラマの視聴者が嘘発見能力に長けているかを調べました。その結果、このドラマの視聴者は未視聴者に比べて、嘘発見能力が高いということはありませんでした。むしろ嘘をついていない人間に対して「嘘をついている」と感じることが多いという結果が明らかになりました。つまり嘘発見のノウハウが描かれたドラマを視聴したからといって、嘘発見能力があがるということもなく、むしろ誤認が増えて逆効果になっていたといえます。この研究からいえることは、「嘘を見破ることが得意である」という過信が誤認を増し、他者に対して濡れ衣を着せてしまう可能性があるということです。さらに、この研究からいえるもうひとつのことは、簡単に嘘を見破る能力が増すということは、そうそうありえないということです。

嘘発見器は100％嘘を見破れるのか

　われわれがしぐさなどから他者の嘘を見破ることは非常に難しいようです。たとえ専門家であっても、また、トレーニングを行ったとしても、相手の言動をもとに100％近い確率で嘘を見破ることは不可能と言ってもよいでしょう。では言動以外から他者の嘘を見破ることはできないのでしょうか。
　言動以外から嘘を見破るためのツールとして、バラエティ番組や刑事ドラマなどでもときどき登場する、嘘発見器があります。嘘発見器は主に警察機関などで現在も研究が進められ、科学的捜査の一環として導入がされています。いわゆる嘘発見器とは、人間の生理反応をもとに、検査対象者が嘘をついているかどうかの判断を行う機器のことを指します。現在研究がされている嘘発見器は、主にポリグラフ系と脳活動系に分類することができます。
　ポリグラフ（polyglaph）とは、複数の生理反応を測定したもののことで

す。先述したとおり人間は嘘をつくと、消化器の運動が活性化したり、血流が活発化したり、汗をかくなどの反応が生じると考えられています。ポリグラフ系の嘘発見器では、これらの生理反応を装置によって測定し、そのデータから嘘をついているか判別します。ポリグラフ系の嘘発見器では、主に呼吸・脈拍・皮膚電気活動（緊張にともなう汗の量によって皮膚の電気抵抗が変化する）などを測定します。漫画『賭博黙示録カイジ』では、カードゲームをプレイ中に体温・脈拍・血圧・発汗などをモニタリングして、その数値の変動からプレイヤーの心理状態を予測し、出されたカードが何かを推測するというシーンが描かれていました。これもまたポリグラフの一種であるといえます。

　脳活動系の嘘発見器では、主に大脳の活動をモニタリングすることで、検査対象者が嘘をついているか判断します。近年ではP300と呼ばれる脳波指標を用いた嘘発見研究に注目がされています。平（2005）によると、現在のP300を用いた嘘発見検査の正解率はおおよそ90%弱であることが報告されています。

　これら生理反応のモニタリングから嘘の有無を判断する手法は、やはりふだんわれわれが行っているように他者の言動から嘘を判断する方法よりも、嘘の検知力は強いといえます。しかし嘘の検知力が強いとはいえ、現在の技術では正解率が90%程度でしかなく、嘘発見器を用いても他者の嘘を100%見破ることは難しいといえるでしょう。現在多くの国では、嘘発見器の情報はあくまで捜査の手がかりのひとつとして用いるにとどめており、法廷での証拠としては用いておりません。またこういった嘘発見器の活用は、一般的に大がかりなセッティングと高価な機材を必要としますし、活用するための技術習得には修練が必要となります。

嘘っぽいと思われないために

　　メイソン「僕は絶対に、ぜーったいに、人狼ではありませんよ！　信じて
　　　ください！　さっきはたまたま、なんとなく間違ってしまっただけなんで

すってば！　別の人のことも疑うべきですって！」
　サミー　「うーん、なんとなく嘘っぽい…」
　メイソン　「それを言ったらスパイクだって怪しいじゃないですか！」
　スパイク　「俺は人狼ではない。」
　サミー　「うーん、なんとなく本当っぽい…」
　メイソン　「なんでですか！」

　「言動から嘘を見破ることは難しい」と繰り返し述べてきましたが、それでもわれわれは、他者の言動に対して「なんとなく嘘っぽい」と感じることがあります。人狼ゲームを行っていると、何を話しても「なんとなく嘘っぽいから」という理由で投票を集めてしまうこともあります。人狼ゲームでそのような状況になってしまうと圧倒的に不利ですし、日常生活でも「なんとなく嘘っぽい」と他者から思われることは不利益でしかありません。なぜわれわれは、「なんとなく嘘っぽい」と感じてしまうのでしょうか。

　心理学者の村井（2005）は、「嘘っぽく感じられる」発言内容に関する一連の研究を行ってきました。この研究の中で、発言の嘘っぽさを増す要因を検討したところ、いくつかが明らかになりました。

　まず一つ目の要因は「あいまいさ」でした。村井（2005）は、「昨日の晩、何度も電話をしたんだけれども…」という恋人からの問いに対する返答をいくつか用意して、それぞれの返答の嘘っぽさを測定しました。その結果、「ちょっと、用事で出かけてた。ごめんなさい」といったあいまいな返答に対しては、嘘っぽさが高く評定されていました。一方で「家族と食事に行ってた」といった具体的な返答に対しては、あまり嘘っぽくないと評定がされていました。つまり、われわれは具体性の高い発言に対しては嘘っぽくないと感じる一方で、あいまいな発言に対しては嘘っぽいと感じてしまう傾向にあるようです。

　二つ目の要因は「立証可能度と生起頻度」でした。立証可能度とは、その発言が本当かどうか立証できる可能性のことを示します。たとえば「友達と遊んでいた」という発言であれば、遊んでいた友達に確認をとれば、

発言の立証は容易にできます。一方で「昨日は一人で自転車に乗って遠くに遊びに行っていた」という発言は、それが事実かどうかの立証は難しいといえます。生起頻度に関しては、たとえば「授業中だったので連絡できなかった」という発言であれば、よくあることと判断されるかもしれません。一方で「昨日だけ携帯電話の調子が悪かったので連絡できなかった」という発言であれば、めったにないことと判断されるでしょう。この立証可能度と生起頻度が低い発言に対しては、われわれは嘘っぽいと判断しやすい傾向にあるようです。

三つ目の要因は「冗長さ」でした。村井（2005）は、発言の長さによって嘘っぽいと感じる度合いがどのように変化するかを検討しています。村井は、文章が長すぎても短すぎても嘘っぽさが高くなり、文章の長さが中程度だともっとも嘘っぽくなく感じるというU字型の関係を仮定していましたが、実際は一貫した実験結果が得られていないようです。一文で言い切るような短い発言がもっとも嘘っぽさを感じさせない結果も得られており、冗長な発言に対しては嘘っぽさが高いと評価する傾向にあると考えられます。

以上の結果をまとめると、よく生じうる立証可能な事柄を、具体的に、短く言い切るように発言すると、嘘っぽさは低く感じられるようです。その一方で、めったにない立証しにくい事柄を、あいまいに、冗長に発言してしまうと、他の人からは嘘っぽいように感じられてしまうようです。

本章では人狼ゲームにおける嘘の要素について、心理学的知見を紹介してきました。繰り返し説明したように、嘘を見破ることは非常に難しいといえます。その一方で、嘘を見破る可能性を高める方法はいろいろとありえます。また、人狼ゲームでは、自分が嘘をついているかどうかにかかわらず、相手の信頼を獲得する必要があります。どうすれば他者に嘘っぽいと感じさせないか気をつけることもまた重要であるといえるでしょう。

コラム　インターネットの人狼ゲーム

　人狼ゲームはインターネット上でも楽しまれています。インターネットの人狼ゲームは、参加者が物理的に同じ場所に集まる必要がなく、それぞれの自宅などからパソコンや携帯電話を利用してゲームに参加することができます。インターネットの人狼ゲームは、たいていの場合、専用のスクリプトが存在して、ゲームマスターによる進行をコンピュータが自動で行う場合が多いです。

　インターネットの人狼ゲームは、例外を除くと、チャット型（短期型）とBBS型（長期型）の2つに分類することができます。チャット型（短期型）では、リアルタイムに短い文章のやりとりを行って議論を進めます。多くの場合は昼の議論を数分程度で行い、1ゲームあたり数十分程度で、スピーディーにゲーム展開が進行していきます。一方でBBS型（長期型）は、インターネットの掲示板システムを利用してゲームを進めていきます。発言を書き込んで投稿し、他者の投稿を確認して返信するといったように、じっくりと議論を行います。BBS型の人狼ゲームでは、ゲーム中の時間と現実の時間の流れを一致させ、ゲーム中の1日間に対して現実の1日間を費やすことが多いです。その場合はゲーム開始から終了まで1週間程度の時間を必要とします。また、チャット型やBBS型の人狼ゲームサーバを利用したもの以外に、twitterやLINEといったコミュニケーションツールを用いた人狼ゲームなども楽しまれており、それぞれの形態でまったく違ったゲームを楽しむことができます。

　インターネットの人狼ゲームと対面で行われる人狼ゲームを比較したとき、さまざまな違いがありますが、特に大きな特徴として、次のようなことがあげられます。

(1) 物理的に集まる必要がないため、手軽に参加できる

　人狼ゲームを遊ぼうとすると、通常は10名程度の人数が必要となります。現在は人狼ゲームがブームとなり、都市部を中心に人狼ゲームイベントが毎週のように開催されています。しかし、イベントの頻度が少な

い地方などでは、人狼ゲームへの参加がなかなか難しい場合もあります。人狼ゲームに興味のある人を10名程度集めることは、必ずしも簡単ではありません。しかし、インターネットの人狼ゲームの場合は、毎日全国の人狼ゲーム愛好者がインターネット上のコミュニティに集まっており、手軽にゲームへの参加が可能となります。

　一方で、手軽に参加できる反面、プレイヤーがゲーム中に途中離脱する問題があげられます。人狼ゲームは途中で離脱すると、ゲームが成立しなくなる可能性が高いです。チャット型の人狼ゲームの場合、途中でインターネット回線のトラブルや、パソコンの不具合などによって、ゲームから離脱せざるをえない場合がありえます。不慮の事故であってもゲームから途中離脱することは、人狼ゲームの参加者全員に迷惑が生じてしまいます。また、BBS型の人狼ゲームに参加中に、急遽用事が発生したり、体調を崩すなどのトラブルによって、ゲームの続行が不能になってしまうこともあるでしょう。そのような場合、数日かけて展開してきたゲームが崩壊してしまう可能性があります。以上のことからインターネットの人狼ゲーム、特にBBS型の長期人狼への参加は、途中離脱がないようにスケジュール等の調整をしっかり行うことが求められます。

(2) やりとりされる情報が限定的

　インターネットの人狼ゲームの特徴の2つ目は、多くの場合は文字情報だけでゲームが行われ、声・表情・身体反応などの情報のやりとりがされなかったり、性別・所属・年齢・名前などの個人情報を隠すこともできるという点です。もちろんビデオチャットや音声通話を用いたインターネットの人狼ゲームもありますが、先述のとおり現在の主流はチャット型やBBS型の人狼ゲームとなっています。チャット型もBBS型も、どちらの人狼ゲームでも文字情報だけのやりとりでゲームが進みます。また、不特定多数が集まって行われることが多いインターネットの人狼ゲームのコミュニティの場では、個人情報の提示の必要性がない場合がほとんどであり、対面人狼よりも情報のコントロールが簡単であるといえます。これらの要素によって、どのような現象が生じるので

しょうか。

　まず、個人情報の提示が少ないことや、他者の視線を気にすることが少ないことによって、他者から評価される懸念が少なくなるという点があげられます。そのため、人狼ゲームかどうかにかかわらず、インターネット上での文字コミュニケーションは、対面でのコミュニケーションよりも不安感が少なく、安心感が高い傾向にあります。したがって、インターネット上の人狼ゲームは、対面での人狼ゲームよりも安心して参加できる傾向にあると考えられます。また、他者の視線を気にすることが少ないため、余計なことを考えず、よりゲームに没頭しやすくなり、世界観をじっくりと楽しめるということも考えられます。

　一方でインターネット上の人狼ゲームには、良い部分だけではなく、問題となりやすい点もあげられます。一般的にインターネットで文字コミュニケーションを行う場合、対面でのコミュニケーションよりも攻撃的になったり、争いが生じやすいことが、これまでの心理学の研究から指摘されてきました。その理由をいくつか説明します。

　まず、やりとりする非言語的情報が乏しかったり、把握している個人情報が少なかったりすると、相手の存在感が希薄になります。それによって、文字情報によるインターネットのコミュニケーションは、冷たい印象になってしまう傾向にあります。また、相手の視線や評価をあまり気にしないために、自分自身の発言や行動に対して意識が向けられなくなります。そのために、ふだんのコミュニケーションでは使わないような汚い言葉や攻撃的な言動を、躊躇せずに使ってしまう傾向にあります。さらに、インターネット上で「見知らぬ人物」とコミュニケーションをとる場合、その後に関係性が続く可能性が低いと見積もることが多いでしょう。加えて、自分自身の個人情報を提示していなければ、相手から関係性を継続させようとしてきても、一方的に遮断することができます。「この人との関係性は一時的で、繋がりを切ろうと思えば切れる」という意識が生じると、他者に対して攻撃的になったり、言葉を選ばず率直に感情をぶつけるなどの行為が起きやすくなります。

　以上の理由から、インターネット上のコミュニケーションは口論や争

いが生じやすくなることがわかっています。これはインターネット上の人狼ゲームにおいても同様です。人狼ゲームは性質上、相手を疑ったり、意見を言い合ったり、誰かを追放したりなどの要素を含んでいるため、感情的になりやすい場であるといえます。インターネットで人狼ゲームを行う場合は、自分自身の発言について、より一層の注意をしながら参加する必要があるでしょう。

第3章　人狼ゲームと議論・説得

　クリス　「さあ会議を始めます。まずは何から話し合いましょうか？」
　デューク　「なあ能力者はいつ出てくるべきかな？」
　キャシー　「それよりも気になることがいくつかあるのですが、話してもよいでしょうか？」
　デューク　「その前に能力者の話が先だろう？」
　キャシー　「ではまずどちらを先にするか決めましょうか？」
　クリス　「…これは会議が長引きそうですね。」

　人狼ゲームでもっとも根幹を占めるのは「議論」です。プレイヤーが議論を行いながら、さまざまな決定を行い、各チームの勝利を目指します。議論がうまく進まないと、ゲームの勝敗の問題以前に、ゲーム自体がまったく成立しなくなります。上手に議論を進めることが、人狼ゲームを楽しむ上で非常に重要です。そして、上手に議論を進めることは、人狼ゲームのみにおいて重要というわけではありません。たとえば職場や学校などのグループで、大小さまざまな会議を行うこともあるでしょう。会議において議論が上手に進まないと、いつまでたっても何も決定されなかったり、意見の反映がされずに不愉快な思いをする者が出てきたり、最終的にはグループの関係性が悪化してしまう可能性もありえます。各個人の議論のうまさは、日常生活においても重要なスキルであるといえるでしょう。
　また、人狼ゲームでの議論の目的のひとつは、相手を説得することにあります。説得とは、相手の態度を意図的に変容させる対人的影響過程のことを指します（詳しくは後述）。人狼ゲームでは、人狼陣営も村人陣営も、他の村人に対して自分のことを信じるように説得を行います。たとえば、毎日の追放投票で自分には票を入れないように説得したり、または自分の

推理を信じてもらうように説得したりします。人狼ゲームでは、他者の嘘を暴くことや推理することも重要ですが、他者に自分を信じてもらうことや推理を受け入れてもらうこともまた重要な要素なのです。人狼ゲームをやっていると、人狼の嘘に気づいて推理を披露しても、他の村人に信じてもらえずに、逆に自分に対して疑いが向けられることはよく起きます。自身の言葉に説得力がなければ、いかに優れた推理も意味をもたないのです。このように説得という要素もまた、人狼ゲームにおける特徴のひとつであるといえます。

　もちろん日常生活においても、説得は非常に重要な行為です。われわれは日常生活で意識的・無意識的にさまざまな説得を行っています。上手に説得することは、自分の欲求充足においても、円満な対人関係の構築・維持においても、大切なスキルであるといえます。

　以上のように、人狼ゲームにおいても日常生活においても、上手に議論を行い、その中で他者を上手に説得することは、非常に重要なスキルであるといえます。本章では、議論中に生じる諸現象や説得のテクニックなどについて、心理学的知見を踏まえながら説明していきます。

コミュニケーションと説得

　　キャシー　「ここまで説明した理由から、私は人間です！　人狼ではありません。」
　　クリス　「なるほど、納得しました。キャシーさんには投票しません。」
　　キャシー　「これでも私に投票するというのでしたら、その人のことを疑っていきます。」
　　デューク　「それは嫌だな。ではキャシーには投票しない。」

　われわれは他者とコミュニケーションをとりながら生きています。コミュニケーションとは、「他者とメッセージ（情報）のやりとりをする過程」ということができます。われわれは直接言葉をかけたり、もしくは

メールや電話でメッセージを送ったり、twitter やブログなどで大勢に対してメッセージを送ったり、場合によっては言葉を用いないでメッセージを送ったりしています。われわれの社会にとってコミュニケーションは不可欠といえるでしょう。では、われわれはなんのためにコミュニケーションをとっているのでしょうか。今井（2006）はいくつかの研究をもとに、コミュニケーションの目的を「自分の考えを表明すること」「他者から情報を得ること」「他者に影響を与えること」「他者との対人関係を形成し維持すること」の4つにまとめています。われわれのコミュニケーションは、ただ情報をやりとりすることのみを目的としているわけではなく、その過程を通じて自分や他者に生じる何らかの影響を期待していたり、また、自分と他者との関係性に生じる何らかの作用を期待しているといえます。

　他者に対して命令や説得、頼みごとなどを行うことで、他者に対して影響を与えたいという一般的な欲求を、影響欲求といいます（ベネット, 1988）。この影響欲求の強さには個人差があり、他者に対して何らかの働きかけを行って影響を与えたいと考えやすい者もいれば、そうでない者もいることが明らかになっています。しかしわれわれは、多かれ少なかれ、他者に対して影響を与えたいという欲求を一般的にもっていると考えられています。

　コミュニケーションを通じて他者に影響を与える働きかけのひとつに「説得」があげられます。人狼ゲームにおいても、日常生活においても、われわれは他者を説得して、自分の意図に沿った方向へ相手の考え方や行動を変容させようとすることがあります。説得が成功して意図どおりの成果を得られる場合もあれば、相手に反発されたり無視されたりすることで説得が失敗する場合もあります。逆に相手から説得を受けて、自身の態度や行動を変容させることもあるでしょう。

　それでは、説得とはどのようなことを指すのでしょうか。『広辞苑』（第六版, 岩波書店）によると、説得とは「よく話して納得させること」と示されています。一方で心理学の研究領域では、複数の研究者がさまざまな定義をあげていますが、それらをまとめると、説得とは「与え手が望むように受け手の態度や行動を変えるために、コミュニケーションを通して意

図的に働きかける行為」と示すことができます。説得とは、こちらの望みどおりに他者の態度や行動を変化させるための行為なのです。そして、説得によって態度が変容する過程には、いくつかのレベルがあることが指摘されています。ケルマン（1961）は、態度の変容を「屈従」「同一視」「内在化」の3種類に分類しています（表）。

態度の変容

屈従	個人が他者からの好意的反応を得ようとするときに生じる。一時的でうわべだけの同調行動であり、個人的な信念に合致したものではない。
同一視	他者や集団のもつ意見を受け入れ、関係性や役割を維持する。他者が見ているかどうかにかかわらず生起する。
内在化	他者や集団のもつ意見が自分の価値体系と一致するために受け入れること。自らの価値を微修正したり、強めたりする。

注：Kelman（1961）をもとに作成

　ケルマン（1961）の態度変容の理論について、人狼ゲームの場面を例に説明しましょう。たとえばAさんから「Bさんが人狼だから、今日はBさんに投票しよう」と説得されたため、あなたはBさんに投票するように態度を変えたとします。このような説得場面であなたが態度を変えた理由・背景として、いくつかの可能性を考えることができます。このときたとえば「もしBさんに投票しないと、Aさんは自分のことを怪しいと感じるかもしれない」とあなたが考えたためにBさんに投票したとします。この場合、あなたがBさんのことを人狼だと考えているかどうかは関係なく、Aさんの説得に沿った行動をとったことになります。このように、説得によって個人的な信念とは関係なく、うわべだけの同調行動をするように態度が変容することを「屈従」といいます。一方で、「Aさんは信頼できるし、推理力もある。そのAさんが言っているので、Bさんは人狼なのだろう」とあなたが考えたために、Bさんに投票したとします。この場合は、あなたがAさんのことを信頼（肯定的に評価）したために、Aさんの説得に沿った行動をとったことになります。このような態度

の変容を「同一視」といいます。また、「Aさんから、Bさんが人狼だと考えられる理由の説明を受けたところ、その説明が非常に納得いくものであり、Bさんが人狼としか考えられない」とあなたが考えたためにBさんに投票したとします。この場合は、<u>Aさんへの評価にかかわらず、与えられた情報に納得したためにAさんの説得に沿った行動をとったことになります。このような態度の変容を「内在化」といいます。</u>

　以上の3つはいずれも説得によって態度が変容していますが、質的に異なることがわかるでしょう。「屈従」は一時的で表面的な態度変容であり、個人的信念までは変容していません。一方で「内在化」は持続的な態度変容であり、個人的信念にまで影響を及ぼしているといえます。この節の最初に、実際の人狼ゲームの場面の例を出しました。この場面では、クリスとデュークという2名がキャシーに説得されています。どちらもキャシーに説得されてキャシーへの投票をしない方向に態度が変化していますが、2名の態度変容は質が違うといえます。クリスはキャシーの説得内容に納得して態度を変えているため、ケルマン（1961）の理論では「内在化」に該当します。一方でデュークは、態度を変容しないと自分に不利益が生じてしまうため一時的に態度を変容させており、これは「屈従」に該当します。クリスは今後もキャシーに投票しない可能性が高いですが、デュークの態度変容は一時的であるため、またキャシーに投票をしようとする可能性が高いと推測されます。

　以上の議論から考えると、説得によって他者の態度や行動を変容させる場合、必ずしも受け手の納得を必要としないといえます。説得によって受け手が納得していなくても、「屈従」のように態度を変容させることは可能だからです。そこで本書では、<u>説得を「与え手の望むように、受け手の態度や行動を変えるために、コミュニケーションを通して意図的に働きかける行為」</u>と定義して扱っていきます。

態度変容に関する基礎

　　メイソン　「いい？　ここまで説明した理由から、僕は人狼じゃないよ！わかった？」
　　サミー　　「ああ、メイソンの説明に納得したよ。メイソンは人狼ではなさそうだ。」
　　メイソン　「スパイクもわかった？」
　　スパイク　「いまいち説明はよくわからなかったけど、メイソンの様子が必死だったから信じてみる。」

　ここまで述べてきたように、説得は相手の態度や行動を変容させるための働きかけのことです。これまでの心理学の研究から、どのような条件のときに説得力が増すのかについてさまざまな知見が得られています。本章の後半において、説得力を増すために役立つ研究知見を紹介していきますが、その前に、説得を受けた際の態度変容の基礎的な理論について説明していきます。

説得内容をしっかり吟味しないこともある

　われわれが相手から説得を受けるとき、どのような過程で情報処理が行われるのでしょうか。われわれが説得を受けるとき、まず相手から自分に対して説得メッセージが送られてきます。その説得メッセージを受け取って、内容を理解し、判断をします。このとき、われわれは、いつも受け取ったメッセージの内容をしっかりと理解して、適切な判断を行っているといえるでしょうか。実際は、必ずしも受け取った情報をしっかりと吟味して判断しているとは限りません。たとえばセールスや勧誘の電話がかかってきたときに、相手のすすめる内容を聞かずに、面倒だから一方的に断ることもあるでしょう。もしくは電化製品を購入する際に、電機店の店

員が熱心にさまざまな機能の説明をしてくれたとしても、最終的には機能とまったく関係のない要素、たとえば製品の色や見た目などが購入の決め手になることもあるでしょう。人狼ゲームにおいても、いくら一生懸命に推理を披露したり、自分が村人であることを強く訴えたとしても、その説得内容の正しさにかかわらず「信用できない」という理由で追放投票をされてしまうこともあります。

　われわれが説得メッセージを受けて判断を行うとき、大きく分けて2種類の情報処理の可能性があります（チェイキン, 1980; ペティとカシオッポ, 1986）。ひとつは説得メッセージの内容を吟味し、しっかりと検討してから判断を下す情報処理の可能性です。これをシステマチック処理といいます。もうひとつは説得メッセージをあまり吟味せずに、安易な判断を行う情報処理の可能性です。これをヒューリスティック処理といいます。ヒューリスティック処理では、たとえば先ほどの電化製品購入の場面だと、説得してくる店員の機能の説明内容は吟味せずに、「説得してくる人は専門家だから正しいだろう」とか「きっとこの商品は新製品だから良い物だろう」などと、メッセージの周辺的な情報を手がかりとして用いやすいとされています。すなわち、説得メッセージの内容が説得力に大きく影響する場合と、メッセージ内容よりもそれ以外の情報が説得力に大きく影響する場合があるといえます。

　ではどのようなときに説得メッセージの内容がしっかりと吟味され、どのようなときに吟味がされず周辺情報が用いられやすいのでしょうか。この問題を考える前提として、われわれがメッセージ内容を吟味するという行為は負荷が高く大変な作業であって、周辺情報等から安易に判断することは負荷が低く簡単な作業であるという点を踏まえておく必要があります。われわれにとって「メッセージを吟味して、よく考える」ことは「疲れる」行為なのです。チェイキン（1980）やペティとカシオッポ（1986）の研究から、メッセージ内容が吟味される条件は以下の2つにまとめられます。

　（1）その判断が自身にとって重要であり、メッセージ内容をよく吟味

する動機が高いとき、メッセージは吟味されやすい
　（2）十分にメッセージ内容を吟味できるだけの能力を有していないと、
　　メッセージは吟味されない

　すなわち、重要ではない事柄や理解しにくい複雑な情報などに対しては、メッセージ内容が吟味される可能性が低く、周辺情報のみで判断がされる可能性が高いといえます。逆に言うと、説得したい相手に情報をよく吟味してもらいたい場合には、「この判断はあなたにとって非常に重要な問題です」などと判断の動機づけをあげたり、メッセージ内容をできるだけ簡単にして伝えるなどの工夫が効果的であるといえます。人狼ゲームにおいても、10人以上もの人間の発言が入り乱れ、考慮しなければいけない要因が多すぎて、情報が複雑になりすぎている場合などは、その情報を整理し簡易化して、メッセージ内容に焦点化されるよう心がけて説得を行うのがよいでしょう。一方で、複雑化した情報を整理できないような状況であったり、説得する相手のモチベーションや理解力が低かったりする場合は、たとえば情に訴えたり、別の側面から説得を行うなどしたほうが、説得成功の可能性は高くなると考えられます。

　「矛盾」は解消したい

　われわれは自分のもっている信念・態度・行動などに矛盾や葛藤が生じているとき、気持ち悪さを感じ、矛盾や葛藤を解消しようとする傾向があります。これを認知的不協和と呼びます（フェスティンガー, 1957）。たとえば、ある女性が「自分は高収入の男性が好き」という信念を密かにもっていたとします。それなのに恋人男性の収入が低いことに気づいてしまったとします。このとき「高収入の男性が好き」という信念と「低収入の男性と交際している」という状況の間に不協和が生じていることになります。このような状況であればこの女性は、「男性と交際を解消する」であったり、「自分は高収入の男性が好きであることを告げ、もっと稼ぐように努力してもらう」といった方略によって、不協和を解消しようとします。も

しくはこの不協和を解消するために、もともともっていた信念を「自分の男性の好みは収入に左右されない」といった方向へ修正することがもっとも簡単かもしれません。もしくは「高収入のほうが好きだが、それを十分に補えるだけその男性には好きな要素が多くある」といったように、男性への評価を修正するのかもしれません。いずれにせよ、何らかの方略で自分の不協和を解消するために、働きかけを行います。

　上述の例のように、われわれは矛盾した情報をそのままにしておきたくないという欲求があります。そして、これを利用した説得も日常的に行われています。たとえば、喫煙者に対して禁煙するように説得したい場合を考えてみましょう。禁煙したい喫煙者に、「喫煙は体に悪い」「喫煙によって毎月たくさんの費用がかかる」「喫煙に対して社会的な批判が強い」といった情報を強く認識させることができれば、それらの情報と喫煙習慣との間に不協和が生じます。認識と行動のどちらかを修正しないと矛盾が残るため、うまくいけば喫煙行動のほうが修正されるかもしれません。

　また認識・信念・態度は、明確化・公言されると、より不協和が強くなります。たとえば禁煙をする際に「これから禁煙する」と他者に対して公言すると、その後に喫煙した場合は公言した内容との間に不協和が生じます。自身の内の信念だけにとどめずに、他者に公言などをすると、公言した信念や態度は修正が難しくなるため、不協和を解消するためには別の部分の修正が必要となります。つまり前述の禁煙の例だと、他者に対して「禁煙する」と公言した事実は修正ができないため、不協和を解消するために自身が喫煙している事実を修正して、禁煙する可能性が高くなるといえます。もちろん別の認識や信念を変えて喫煙を続ける可能性もあります。

　人狼ゲームにおいても、他者の信念・態度の不協和を利用して説得を行う場合は、あらかじめ修正させたくない信念・態度を明言化させるとよいかもしれません。たとえば、Aさんが「初日にBさんに投票していた人は人狼ではないと思う」という信念をもっていたとします。そしてあなたは初日にBさんに投票していたとします。にもかかわらず、初日にBさんに投票していたあなたに対して、Aさんが疑いを向けているとします。この場合Aさんは、もともともっていた信念を修正してあなたへの疑い

を強固にする可能性もあります。このとき「初日に B さんに投票していた人は人狼ではないと思っているのですよね？」と信念を A さんにあらためて明言化させることで、その信念を修正しにくくして、あなたへの疑いを修正させて不協和を解消するように誘導しやすくなると考えられます。

他人に強制されたくない

　われわれが他者に説得をされるとき、それは他者によって自身の信念・態度・行動を変えようとされているということになります。そして、自分自身の信念・態度・行動を他者によって変えようとされているということは、場合によっては不快感が生じることもあります。たとえば、他者から禁煙をあまりにもしつこくすすめられたとき、逆に開き直って、「禁煙なんてするものか」と態度を硬化させることもあるでしょう。子どもに対して「遊んでないで勉強しなさい」と言っても、反発して逆に勉強する気を無くされる場合もあるでしょう。われわれは、他者に強制されたり圧力をかけられることを基本的に嫌う傾向があります。

　われわれは他者から自由を侵害されると反発を生じます。自由を侵害されたと感じるときに生じる反発のことを心理的リアクタンスと呼びます（ブルームとブルーム，1981）。われわれは他者によって自由を制限されるほど、また、制限されている事柄が自分にとって重要であるほど、制限に対する反発の強さは増します。反発が生じると、わざと制限を受けている行動や、制限されたことと類似した行動をとったり、制限してきた相手の評価を下げたりするようになります。たとえば親が子どもに対して「遊んでないで勉強しなさい」と言ったとき、反発されてより一層遊ぶようになったり、別の遊びを始めたり、親のことを嫌ったりするようになると考えられます。心理的リアクタンスの考えを説得に当てはめると、強制的に承諾させるような説得の方法をとっても、むしろ反発が生じて逆効果になる可能性が高いと考えられます。そのため、最終的な決定は相手に任せるようにするなど、相手が「自由を侵害された」と感じないようにすると、説得力が増すことに繋がるといえます。たとえば人狼ゲームでは、作戦を提案

する際に、最終的な決定は他者に委ねてみたり、複数の案を出してどちらかを選んでもらうなどを行うと、自由を侵害されたという印象が薄れるといえます。

どういう人から説得されやすいのか

  メイソン 「なんでさっきから僕を疑ってたの？　僕の発言内容がおかしかった？」
  サミー 「なんとなくメイソンは自分を騙そうとしてるように感じてしまうんだよな。」
  メイソン 「なんでだろう？」
  サミー 「日頃の行いかなあ…」

　われわれは日常的に他者を説得したり、また、他者から説得を受けたりしています。それでは、これまで他者を説得した経験や、他者から説得された経験を振り返ってみましょう。おそらく上手な説得とそうではない説得があったかと思います。また、説得が上手な人とそうではない人がいることも、経験的に理解しているかもしれません。実際に、説得が上手な人とそうではない人はいて、説得者によって説得力や説得の方向性には大きな違いが生じていることが明らかにされています。

　先ほど、態度の変容には「屈従」「同一視」「内在化」の3種類があることを説明しました。この3種類の態度変容ですが、説得する側の人間の特性によって、それぞれの態度変容のしやすさが異なることが明らかにされています。ケルマン（1961）によると、もっとも表面的な「屈従」の態度変容において重要となるのは、説得する側が賞罰をコントロールすることだと述べています。すなわち、<u>説得される側が態度を変容すると何か得が生じることを示すか、態度を変容しないと説得される側に損が生じることを示せば、「屈従」的な態度変容が引き起こせる</u>といえます。たとえば「自分に投票したら、あなたのことを疑うぞ（投票しようとする態度を変容

させないと、あなたにも損が生じるぞ)」と提示することで、相手の行動を屈従的に変容させるのです。

　「同一視」の態度変容においては、説得する側の魅力が重要となります。「説得している人が魅力的な人だから、この人の言うことに従ってみよう」という場合が同一視にあたります。すなわち、説得する側の人物に対して好感をもっていれば、それだけで「同一視」の態度変容は起こりやすいといえます。

　もっとも深い「内在化」の態度変容に関しては、説得する側の信ぴょう性が重要となります。説得者の信ぴょう性が高く、そのメッセージも信じるに足ると判断されると、「内在化」の態度変容が生じやすくなります。「屈従」や「同一視」に比べて、「内在化」はもっとも持続的で強固に態度が変容されます。そのため、説得によって態度変容をねらう場合は、「内在化」を目指すために、説得メッセージに信ぴょう性をもたせることが説得者にとって重要な方法であるといえます。みなさんが報道番組などを見ていると、専門家の肩書をもつコメンテーターが登場して、報道されたトピックにコメントする場面などがよくあると思います。そのトピックには専門外のニュースキャスターなどがコメントを読み上げるよりも、専門家自身の口から説明を受けたほうが、その情報は信ぴょう性が増して、われわれは説得されやすいのです。

　このように、「屈従」「同一視」「内在化」という3つの態度変容を引き起こすために、それぞれ重要となるのは「賞罰の提示」「説得する人の魅力」「信ぴょう性」であるとまとめられます。特に強固な態度変容を引き起こす「内在化」をねらって説得するためには、メッセージの「信ぴょう性」を増すよう心がけると良いといえるでしょう。

信ぴょう性の高さ

　では信ぴょう性を構成するものは何でしょうか。ホブランドら(1953)は、信ぴょう性が「専門性」と「信頼性」の2つから構成されていると指摘しています。専門性は、そのトピックと密接に関わった専門的知識や技

能、または経験などを説得者が有しているかどうかを指します。たとえば人狼ゲームにおいて、人狼ゲームの熟練者で専門性が高いと判断される人物がゲーム中に「最初に名乗り出た占い師は、多くの場合は狂人だ」などと発言したとしましょう。この情報が妥当かどうかにかかわらず、経験の浅い人間から発言された場合に比べて、熟練者が発言した場合は、「この情報が正しい」と信じてもらえる可能性は高くなります。専門性の高さは、説得者の学歴・職業・経験度・根拠の明示の有無だけではなく、話し方やユーモアの有無などによっても左右されることが明らかにされています（オキーフ, 1990）。つまり、実際に経験や知識が多くなくても、話し方が上手であれば専門性が高いように相手が受け取り、説得力が増す可能性があるといえます。

　信頼性は、説得者が真実を話しているかどうかの観点を指します。信頼性の高さは、説得者のパーソナリティや、説得者との関係性によって左右されます。たとえば人狼ゲームにおいて、ある人に一度ひどく騙されてしまったときは、次以降のゲームにおいても騙した相手の信頼性を低く見積もってしまいがちとなるでしょう。マクギニスとウォード（1980）によると、説得者の真面目さ、説得しようとする意図のなさ、説得することによって説得者に利益が生じないことなどによって、信頼性は左右されると指摘されています。つまり説得者は「まじめな人物で、自分を説得しようとしているわけではなく、もし説得が成功しても説得者自身に得が生じない」と相手に感じさせることができれば、信頼性が高く評価されて、説得力が増す可能性があるといえます。

　このように、信ぴょう性は専門性と信頼性によって構成され、信ぴょう性が高い説得者ほど、説得によって態度変容を引き起こしやすい、つまり説得力があると考えられています。人狼ゲームにおいて「私は初心者で…」と自己紹介した場合を考えてみます。このときは人狼ゲームに慣れていないために専門性は低いと捉えられるでしょう。その一方で他者を騙すことに不慣れであると捉えられるため、信頼性は高く評価されるかもしれません。一方で人狼ゲームの熟練者に関しては、専門性を高く評価される一方で、騙すことに長けていると捉えられるため、信頼性は低く評価さ

れるかもしれません。このことから考えると、信ぴょう性を高くもち続けることはなかなか難しいといえるでしょう。

　また、オキーフ（1990）によると、説得者の信ぴょう性が高い場合には、説得をする前に、説得者の信ぴょう性の高さを示す情報を提示したほうが説得効果は高くなることが明らかにされています。一方で、説得者の信ぴょう性が低い場合には、説得をした後に、説得者の信ぴょう性を示す情報を提示したほうが説得効果は高くなることが明らかにされています。

　なお、説得者の信ぴょう性による説得効果の差は、時間が経つにつれ小さくなっていくことが明らかにされています。ホブランドとワイス（1951）の実験では、信ぴょう性の高い説得者と、信ぴょう性の低い説得者によってそれぞれ説得を行い、態度変容がどの程度生じたかを比較しました。その結果、説得直後は信ぴょう性の高い説得者のほうが態度変容を引き起こしていた割合が高いという結果が得られました。しかし4週間後の態度変容を比べると、説得者の信ぴょう性の高さによる差はみられませんでした。つまり、説得者の信ぴょう性の影響は、説得した直後にのみ顕著にみられますが、時間が経つにつれて信ぴょう性の影響力は減少していくと考えられます。この理由として、説得を受けた者は時間が経つと、受けた説得の内容と説得者の結びつきを徐々に忘れていくため、説得の内容の効果のみが残り、説得者の影響は減っていくことがあげられています（手がかり分離仮説：ケルマンとホブランド，1953）。

　以上のように信ぴょう性の高さは説得力に大きな影響を及ぼします。そのため、専門性や信頼性を高く見せることで、説得の成功率が高くなるといえます。しかし、その効果は短期的であるといえるでしょう。人狼ゲームにおいては短期的な説得ですので、信ぴょう性を高く見せることが、勝敗に大きく影響しているかもしれません。

　対人魅力

　以上のように、説得者の信ぴょう性は説得力を左右する重要な要因といえます。信ぴょう性以外に説得力を左右する要因として、対人魅力があげ

られます。われわれは一般的に、好きな相手の言うことはきいても、嫌いな相手の言うことはききたくはないでしょう。つまり大前提として、われわれは魅力的な相手には、それだけで説得されやすいのです。心理学では旧来から対人魅力の規定因について、幅広く検討がなされてきました（詳しくは奥田（1997）などを参照）。対人魅力の代表的な規定因として、近接性・性格・外見的魅力などがあげられます。

　近接性とは、物理的に近くにいることや、頻繁に接触することをさします。われわれは頻繁に目にするものに好意を示す傾向があることが明らかになっています。これを単純接触効果といいます（ザイアンス, 1968）。たとえば CM などで同じ商品名を何度も流したり、選挙運動で候補者名を連呼したりするのは、この単純接触効果を引き起こし、われわれに好印象を与えるためであるといえます。われわれは慣れないものに対して不安や嫌悪感を生じやすいですが、慣れていくとその不安や嫌悪感が減り、結果的に好意をもつようになります。一方で、接触頻度が多くても、「飽き」や「うっとうしさ」を生じる場合もあり、逆に不快感を増すこともありうるので、ただずっと近くにいればよいというわけでもないようです。

　その他に対人魅力に影響をもつ要素としては、その人物の性格があげられるでしょう。好かれる性格や嫌われる性格などは、文化を超えてもある程度共通していることが明らかにされています（奥田, 1997）。一般的には「誠実さ」「やさしさ」「正直さ」などが好まれる性格であり、「嘘つき」「卑劣」といった性格は嫌われやすいといえます（アンダーソン, 1968; 青木, 1971; 齊藤, 1985）。つまり相手から「嘘をつく」と思われていると、説得者の信ぴょう性が落ちる上に、対人魅力も低く評価され、説得が難しくなるといえます。人狼ゲームでは嘘をつく人間が必ず混ざっているため、この点からも人狼ゲームで他者を説得することがいかに難しいかが推察できると思います。自分は誰かに騙されるかもしれない、自分以外の人は嘘をつくかもしれない、そう考えていると他者に対する対人魅力を低く評定して、説得に対する抵抗を増してしまう可能性が高いのです。

　さらに外見的魅力もまた、対人魅力において重要な要因となります。外見的な魅力の高い人物が説得者であるとき、そうでない場合に比べて説

得効果が高いことがいくつかの研究から明らかにされています（ホライら，1974; ダイオンとスタイン，1978）。小野寺（1989）は、男子大学生に芸能人女性の写真を見せ、印象を評定させるという実験を行いました。その結果、「美しさ」が高く評定された女性ほど、「まじめで、誠実で、親切で、協調性があり、あたたかく、温和で、明るく、やさしく、おとなしい」という印象が高いことが示されました。すなわち、われわれは見た目が良い人物を信じてしまいやすく、説得を受けやすい傾向があります。一方で、説得者があまりにも美しすぎる場合、その美しさに気をとられて説得メッセージに十分な注意が向けられず、説得効果が減少するという現象も報告されています（マダックスとロジャース，1983）。見た目の良さは説得におけるひとつの武器かもしれませんが、必ずしも万能というわけではないようです。

　以上のように、同様の説得を行っていても、説得者の特性によっては、その説得効果に差が生じうるといえます。信ぴょう性や対人魅力を相手から高く評価されるように振る舞うことが、説得効果を増すための重要な手段といえるでしょう。実際に人狼ゲームで遊んでいると、「なんとなく好きな人だから、投票しない」「なんとなく苦手だから、この人は信じない」といったように、相手の印象に流されて判断をしてしまうことは、残念ながらよくあります。人狼ゲームにおいても日常生活においても、<u>相手に反発や敵対心を与えないように振る舞い、魅力的な人間であるように感じさせることもまた、上手に説得を行う上で重要なスキルである</u>といえます。

どういう人が説得されやすいか

　どのような説得を行っても、頑固に自分の意見や態度を変えない人間も少なからずいます。その一方で、簡単に他人の説得に耳を貸して、すぐに意見や態度を変えてしまう人間もいます。セールス業界では、説得しても意見や態度が変わりにくい相手に対して多くの労力を費やすよりも、簡単に説得できる相手を探すほうに労力を費やすほうが良い成果が得られるという考え方があるそうです。そしてこれは人狼ゲームにおいても同じこと

が当てはまるといえます。前節では、どのような説得者は影響力が強いかを示しましたが、本節ではどのような人間が説得されやすいかについて示していきます。

性差

男女で説得のされやすさは異なり、女性のほうが男性よりも説得されやすい傾向にあることが、多くの研究から明らかにされています（深田，1973; 千葉，1986; 神山ら，1990; 上野，1994）。特に深田（1973）の研究によると、受け手に恐怖を与えるような説得を行ったときは、女性に対してのほうが男性に対してよりも説得効果が高いことが示されています。また、上野（1994）の研究から、男性は圧力の高い説得に対しては反発する傾向があり、説得が逆効果になりうることが示されています。一方で女性は、圧力の高い説得に対して男性よりも従いやすい傾向がみられます。つまり、相手に対して圧力を与えたり、恐怖を与えるような説得は、女性に対しては効果的ですが、男性に対しては逆効果となりやすいようです。もっとも女性に対して圧力や恐怖を与えるような説得を行うことが、良いこととはあまり思えませんが。

知性

一般的に、知性が低い人は高い人よりも説得されやすい傾向があります（ローデスとウッド，1992）。イーグリーとウォレン（1976）は、高い知性をもっている人は「論理的ではなく一貫していない議論」によって説得されにくいが、知性の低い人は「難しくわかりにくい議論」によって説得されやすいことが指摘されています。すなわち、知性の高い人は、正当な判断を下すことができる能力をもっているため、非論理的な説得メッセージに対して批判的な態度をとることができるが、論理的な説得メッセージは受け入れやすい傾向にあります。一方で知性の低い人は、難しくもっともらしい話をすると、なんとなく説得メッセージに信ぴょう性があるような気

分になってしまい、説得されてしまいがちであるといえます。

自尊心

　自尊心（自尊感情）とは、自分自身を肯定的に捉えている程度や気持ちのことで、自信に近い概念です。マクガイア（1967）やローデスとウッド（1992）は、自尊心がとても低い人やとても高い人は説得されにくく、自尊心が中程度の人がもっとも説得されやすいことを示しています。自尊心の低い人は、自信がないために「自分は他者の説得に流されてしまいそうだ」と感じてしまって反発する傾向にあり、説得メッセージを吟味しようとしない傾向があります。そのため、自尊心の低い人に説得メッセージを送っても、そのメッセージの説得効果は薄くなると考えられます。一方で自尊心の高い人は、説得メッセージをよく吟味しますが、それによって態度や意見を変容させにくい傾向があるようです。以上の理由から、自尊心が中程度の人がもっとも他者からの説得によって意見や態度を変えやすいといえます。

不安

　榊（2002）は不安の高さと説得されやすさに関する研究を概観し、次のようにまとめています。一般的に不安が高い人間は、他者からの説得に対して防衛的になりやすいため、説得されにくい傾向にあります。しかしその一方で、不安が高い人間には、不安を解消させて安定を得たいという欲求も多くもっていることが明らかにされています。そのため、不安を解消させる方向性で説得を行うことで、説得が成功しやすくなるとも考えられています。つまり、騙されることへの不安よりも、現状の態度のままでいることへの不安を高めることが、不安傾向の高い人を説得するための手段だといえます。たとえば人狼ゲームで、不安傾向が高い人に対して「このままだと絶対に村人側は負けてしまう。今日判断しないとまずい」などと不安を煽ることで、この不安を解消する方向の説得の成功率が増すと考え

られます。

セルフ・モニタリング

　セルフ・モニタリングとは、自分自身の態度や行動を客観的に捉えて、それが妥当かどうかを判断する傾向のことです。セルフ・モニタリングが高い人は、自身の言動を振り返ったり、相手や状況に応じて態度を変える割合が高いとされています。一方で、セルフ・モニタリングが低い人は、思ったまま・感じたままに行動したり、相手や状況が変わっても態度をあまり変えない傾向があるとされています。<u>セルフ・モニタリング傾向が高いと、他者の意見に一致した態度に変容させやすいため、説得されやすいと考えられています</u>（スナイダーとデボノ，1985）。

　以上のように、説得されやすさには個人差があります。必ずしも他者から説得されやすい人が良くないというわけではありません。あまりにも他者の説得に態度を変化させないことが多いと、周囲からは「頑固で偏屈な人間」と評価されてしまいやすいという危険もあります。態度を強固にもちすぎると、人狼ゲームで議論をしていても、他者から面白くないと思われるかもしれません。多少は柔軟性をもち、他者の意見に耳を貸して態度を変容させることが重要となる場合もあるといえるでしょう。
　その一方で、あまりにも他者から説得されやすい人は、別の意味で危険だといえるでしょう。たとえばセールスなどで物を売りつけられたり、場合によっては詐欺の被害にあう機会も多いかもしれません。頑なな態度をとりすぎることもよくありませんが、説得に対する抵抗力が低すぎることもまた良くない結果を招く可能性が高いといえます。自分が他者から説得されやすいと思う人は、説得に対する抵抗力を多少もっていたほうがよいのかもしれません。

説得・依頼のテクニック

　ここまで「どのような人の説得力が強いか」と、「どのような人が説得されやすいのか」について説明してきました。次に「どのように説得すれば説得力は増すのか」について説明していきます。心理学の分野では説得力を増すための方法について検討がされ続けてきました。特にこの節では「どのように説得メッセージを提示すれば説得力が上がるのか」という問題について、関連する研究を紹介していきます。また、この節では説得だけではなく、依頼に関する研究知見も紹介していきます。

都合の悪いことを隠さない

　説得を行うときに、自分が説得したい方向のメッセージのみ相手に与えることを一面提示といいます。一方で、説得したい方向とは逆のメッセージも合わせて相手に与えることを両面提示といいます。「家電量販店で店員が電化製品を客に売りたい」という場面を例として考えてみましょう。客にはその電化製品を売りたいのですから、その機能の素晴らしさであったり、値段がいかにお買い得であるかなど、電化製品の良い部分を客に伝えることで説得を行い、購入する方向へ態度を変容させようとします。この場合の説得は一面提示にあたります。一方で、その電化製品の良い部分だけではなく、たとえば「機能に関しては他の商品にやや劣るかもしれないが、この機能でも十分であればお買い得」「新製品なので値段は少々高めだが、機能に関しては図抜けて良い」といったように、一見すると説得には都合の悪い部分も併せて伝えることがあります。このように説得の方向性とは逆の情報も提示する方法が両面提示です。
　人狼ゲームにおいても、たとえば何らかの作戦を提案する際に、メリットだけを提示する場合と、デメリットも併せて提示する場合が考えられます。単純に考えると、メリットだけを相手に伝えたほうが説得効果は高い

ように思えますが、実際はそれほど単純ではないことが明らかにされています。

　これまでの研究によると、一面提示のほうが説得効果は高いという知見も、両面提示のほうが説得効果は高いという知見も、両方があげられています。すなわち、ポジティブな情報だけではなくネガティブな情報も併せて相手に提示するほうが、説得効果が増す場合もあるようです。

　ホブランドたち（1953）の研究によると、教育の程度が低い人には一面提示のほうが両面提示よりも説得効果が高かったことが明らかにされています。これは、教育程度の高い人は判断を下す能力に自信をもっているため、判断を下すための情報が多いほうが、しっかり検討した上で態度を変容させやすいと考えられています。一方で教育程度が低い人にとっては、両面提示によって説得の方向性が複雑になってしまうよりも、一面提示のほうが単純化されており、メッセージの印象も強くなるため説得効果が高くなると考えられています。また、オキーフとフィゲ（1999）がこれらの研究を概観して分析を行ったところ、両面提示によって提示されたネガティブな情報に対して相手から反論があると、両面提示のほうが一面提示よりも説得効果が高くなることが示されました。つまり先ほどの電化製品の例だと、客から「この商品は他に比べて消費電力は低いの？」と聞かれたときに「他社製に比べると消費電力は高いです」と回答したほうが、説得効果は高くなって商品を購入する可能性が高くなるということが示されています。これはポジティブとネガティブの両方向の情報を提示していると、相手に公正な立場をとっていると認識されやすく、説得者の信ぴょう性が上がるためと考えられています。

　以上のことをまとめると、相手の教育程度が低いときや、相手が説得テーマに詳しくないとき、たとえば相手が子どもである場合などは、一面提示のほうが両面提示よりも効果的であるため、ポジティブな情報だけを提示した方が説得力は高いと考えられます。一方で、相手が十分に物事を考えて判断できる人物である場合は、ネガティブな情報も一緒に提示する両面提示のほうが説得効果は高くなると考えられます。

　また、ジャクソンとアレン（1987）によると、両面提示を行う際は、先

にポジティブな情報を提示してからネガティブな情報を提示したほうが、その逆の順序よりも説得効果は高くなることが示されています。両面提示を行う際は、まず相手にメリットなどをしっかり説明した上で、その後にデメリットなどを説明したほうが、相手は説得されやすくなるようです。

結論を明らかにすべきか

　説得をする際に、相手がとるべき態度や行動を、説得者が具体的に指示することもあります。その一方で、最終的な結論を相手に選ばせる形で説得することもあります。たとえば禁煙をすすめるときに、直接的に「禁煙してください」と説得する場合もあれば、「禁煙してください」とは直接言わずに喫煙のデメリットなどの情報を提示することで説得をする場合もあります。

　人狼ゲームにおいても、「Aさんに投票してください」と直接的に指示する説得方法もあれば、「投票してください」とは直接言わずにAさんの疑わしい部分を並べて投票に誘導する説得方法もあるでしょう。直接的な指示を行わないと、説得の方向性があいまいになってしまい、説得力が弱くなる可能性がありえます。その一方で、前者のように直接的に指示を行うと、相手が無理強いされているように感じて、反発（心理的リアクタンス）が生じる可能性もあります。

　では指示をする説得と、指示をしない説得では、どちらのほうが説得力は高いのでしょうか。これに関して榊（2002）は従来の研究結果を概観して、以下のようにまとめています。

(1) 説得する相手の知的レベルが高いときは、直接的に指示を行わず、相手に結論を出させたほうがよい。一方で、説得する相手の知的レベルが低いときは、直接的に指示を行ったほうがよい。

(2) 説得する内容が複雑なときは、直接的に指示を行ったほうがよい。一方で説得する内容が簡易のときは、相手に結論を出させたほうがよい。

(3) 説得する相手が自ら結論を導こうと強く動機づけられているときは、直接的に指示を行わず、相手に結論を出させたほうがよい。

以上のように、説得する相手が自ら結論を導ける可能性が高い場合には、直接的に結論を明示しないほうが説得効果は高いといえます。このときは、説得する方向に相手が結論を出しやすいよう、情報を上手に出して整理することが重要といえます。一方で、説得する相手が自ら結論を導きだせる可能性が低い場合には、どうすればよいのかをはっきりと指示したほうが説得効果は高くなると考えられます。

情報を提示する順序

説得をする際に、重要な情報はどのタイミングで提示するともっとも効果が高まるのでしょうか。早いタイミングで提示された情報が、後に提示した情報よりも大きな影響を与えることを初頭効果といいます。一方で、最後に提示した情報のほうが、先に提示された情報よりも大きな影響を与えることを新近効果といいます。

人間の記憶の研究においても、初頭効果と新近効果が確認されています。たとえば、10人の初対面の人間が順番に自己紹介をしたとしましょう。そのとき、最初のほうに自己紹介した人間と最後のほうに自己紹介した人間は覚えられやすいが、真ん中あたりの順番で自己紹介した人間の情報は思い出されにくいという現象が生じます。議論においても同様の効果が考えられ、議論の最初に提示した情報や、最後に提示した情報は記憶に残りやすく、強い印象を与えやすいといえます。

それでは、重要な情報は最初に提示したほうがよいのでしょうか。それとも最後に提示したほうがよいのでしょうか。ホブランドら（1957）によると、聞き手がそのテーマに関して事前情報をもっていなかったり、もともと興味がなかったり、または理解が難しい場合には、初頭効果がはたらきやすいため重要な情報を最初に提示するほうが説得力は高いことを示しています。一方で、説得するテーマに関して聞き手が高い関心をもってお

り、十分にメッセージを理解できる場合には、新近効果が生じやすいため重要な情報は最後に提示するほうが説得力は高いことを示しています。これは、相手がテーマに関心がない場合は、最初に重要で魅力的な議論を提示することで、メッセージに興味をもたせる必要があるためだと考えられます。相手がテーマに関心がある場合は、最初からメッセージに注目してくれるため、新しい記憶として残りやすい議論の最後に重要な情報を提示することが効果的であるといえます。

ステルスマーケティングはなぜ有効か

　たとえば、喫茶店で近くに座っていたカップルが、最近公開した映画の話をしているとしましょう。その映画の内容があまりにも面白そうで、ついその映画を観てみたくなりました。これと似たような経験はみなさんにはありませんか？　上記の例だと、直接的に他者から映画を観ることを説得されたわけではありません。説得を受けていないにもかかわらず、映画への興味・態度が変容していることになります。このように、他者の会話などから間接的に情報を得ることによって、態度や行動が変容することを漏れ聞き効果といいます。直接的に説得されるよりも、間接的に説得メッセージを聞いた場合のほうが、説得効果は高くなることもあります。
　ブロックとベイカー（1965）は、漏れ聞き効果が生じる理由として「メッセージの受け手は、自分が説得されていると感じにくいために、説得に対する抵抗感が生じにくいから」という説をあげています。人狼ゲームにおいて漏れ聞き効果を利用するのならば、たとえば誰か1名に対して発言しているように見せて、他の人間にも聞こえるように説得メッセージを提示するなどの方法があげられるでしょう。
　近年インターネットを中心として、消費者に対して宣伝と悟られないように宣伝行為をする「ステルスマーケティング（ステマ）」が流行し、問題にもなりました。余談ですが、「ステマ」という言葉は2012年の新語・流行語大賞にノミネートされています。日本ではステマに対して否定的な反応が強く、消費者庁（2012）も問題として取り上げています。ステマが

フェアな手法かどうかはいったんおいておくとして、ステマによる宣伝が効果的な理由は、消費者は説得されているという意識が弱く、それによって生じる抵抗が低いためであると考えられます。一方で「このメッセージはステマである」と消費者が気づいたとき、説得を受けていたことへの抵抗感が増し、否定的な反応が生じやすいといえます。

なお、ウォルスターとフェスティンガー（1962）は漏れ聞き効果を実験的に検証した結果、メッセージの受け手にとって、もともと関心・関与がないテーマの場合は、漏れ聞き効果は生じないことも明らかにしています。

フット・イン・ザ・ドア・テクニック

他者に対して何か頼みごとをするときに、何段階かに分けて依頼を行うことで、承諾が得やすくなることがあります。セールスを行う際の手段としてよく用いられる手法ですが、たとえば、次のような手順があげられます。まず、道行く人に対して「試供品を受け取ってほしい」という依頼を行い、まず足を止めてもらいます。次に「時間があればこの製品の簡単な説明を聞いてほしい」という依頼を行い、「3か月だけ無料サービスを試してほしい」という依頼に移り、最終的には定期購入を依頼するといったように、段階的に最終的な目標（商品を購入させる）に近づけていきます。このように受け手にとってコストの小さい要請から始めて、徐々に大きな要請を行う方法をフット・イン・ザ・ドア・テクニックと呼びます。さまざまな実験から、いきなり大きな要請を行うよりも、上記の例のように段階的に要請を大きくしていったほうが、承諾率は高くなりやすいことが明らかになっています（フリードマンとフレーザー，1966など）。

ではなぜ最初に小さな要請を行うことで、その後の大きな要請を承諾されやすくなるのでしょうか。それにはいくつかの理由があげられます。

(1) 最初の要請・承諾によって依頼者と受け手の親密さが増すために、その後の要請も承諾されやすくなる。
(2) 最初の要請を承諾することで、受け手が「自分はこのような依頼

に対しては承諾する人間なのだ」と認識し、類似している次の要請に対しても「自分はこのような依頼を承諾する人間だから、承諾しなければならない」という気になりやすいため。
(3) 最初の要請を承諾したのに、次の要請を承諾しないと、「要請を承諾する・しない」という判断に一貫性がないように感じてしまい、その葛藤を解消するために一貫した態度をとりたいという欲求がはたらくため。

　以上のような理由から、フット・イン・ザ・ドア・テクニックを用いることで、依頼の効果が高まると考えられています。人狼ゲームに当てはめると、たとえば「いったん自分の話を聞いてほしい」と依頼した後に、「さっきの話を信じるなら、他の人ももう少し疑ってみてほしい」「今日だけは投票をしないでほしい」といったように、依頼を少しずつスライドしていくことがあげられるでしょうか。なお、依頼の回数を増やしすぎると、協力的な受け手であっても、親切心に付け入られているような気持ちが増し、徐々に承諾率が下がっていくということも報告されています（チャートランドら, 1999）。

ドア・イン・ザ・フェイス・テクニック

　前項では、最初に小さな要請をした後に大きな要請をしたほうが承諾されやすいという、フット・イン・ザ・ドア・テクニックを紹介しました。一方でそれとは逆に、大きな要請をした後に小さな要請をすることで、承諾されやすくなるという方法もあります。たとえばセールスの際に、「1年間の定期購入」を依頼して断られた後に、「3か月間だけ無料サービスを試してほしい」と依頼を行うことで、後の依頼が承諾されやすくなります。このように、最初に大きめの依頼を相手に断らせた後で本当に承諾してほしい依頼を行う方法をドア・イン・ザ・フェイス・テクニックといいます。さまざまな実験から、<u>先の要請が断られた後のほうが、その後の承諾を引き出しやすい</u>ことが明らかになっています（チャルディーニら,

1975 など）。

　ではなぜ人は一度依頼を断ると、次の依頼を承諾しやすくなるのでしょうか。それにはいくつかの理由があげられます。

(1) 依頼者が大きな依頼を引っ込めて小さな依頼をあらためて出すという行為は、依頼者が譲歩を行っていると感じられるため、受け手も譲歩を返さなければいけないと感じるため。
(2) 最初の大きな要請に比べて、次の小さな要請は、比較的コストが小さく大した要請ではないと感じやすくなるため。
(3) 一度目の要請を断ったことで受け手に罪悪感が生じ、それを解消しようとするため。

　以上のような理由から、ドア・イン・ザ・フェイス・テクニックによって依頼の承諾率が増すと考えられています。人狼ゲームに当てはめると、たとえば「今後一切、自分を疑うのは絶対にやめてほしい」と依頼して、それが断られた後に「せめて今日だけは自分に投票しないでほしい」と小さな依頼にスライドさせることなどが例としてあげられます。ドア・イン・ザ・フェイス・テクニックはフット・イン・ザ・ドア・テクニックとは逆方向のアプローチですが、いずれの方法の有効性も確認されています。

情に訴える

　テレビなどで不祥事を起こした企業や個人が謝罪会見を行う様子を見たことはあるかと思います。日本の謝罪会見の多くでは、深々と頭を下げ、時には涙を流し、申し訳ない様子を強くアピールしています。余談ですが、欧米ではこのような様子は好まれないらしく、あまり見られないようです。一方で、少なくとも日本ではこの方法が多く使われていることから、情に訴えることは説得を行う上で何らかの機能を果たしていると予想されます。

　情に訴える説得の機能について、具志堅・唐沢（2007）は興味深い研究を行っています。われわれは、「物事を考えるとき感情に左右されるのは

思考が下手だからであり、物事をよく考えるときに感情的影響は邪魔だ」と考えがちです。ところが、物事をよく考えるほど付随する感情が生起されやすかったり、よく考えるほどその後の判断に感情の影響が強く反映する傾向があることが先行研究から示唆されています。つまり、よく考えるほど感情に流されやすいという傾向にあるようです。また、われわれは、感情の影響を除外して物事を考えることが難しいのだともいえます。これらの知見をもとに具志堅らは実験を行い、情動的なメッセージによる説得の影響を検討しました。その結果、情動的で感情に訴えるメッセージによって説得を行うと、その後に思考が繰り返され、説得効果を高めることが示唆されています。<u>物事を理屈で考える傾向の強い人に対しても、場合によっては理屈で押すよりも感情に訴えたほうが、良い説得効果をもたらす可能性がある</u>といえるでしょう。

　以上のように、本節では説得や依頼を行う際のテクニックに関して説明してきました。これらの研究を概観していえるのは、説得したい内容が同じであっても、説得の仕方が異なれば、説得の結果は大きく変化しうるということです。特に人狼ゲームでは、説得内容の主題は「自分を信じてもらう」というシンプルな事柄です。このシンプルな主題についてどのように相手を説得するか、そのメッセージ内容だけではなく伝える方法についてもあらためて検討すると、別の成果が生まれてくるかもしれません。

議論中に生じる諸現象

　われわれは、議論を経て自身に生じる意見や態度は、議論中の「空気」や「雰囲気」による影響をそれほど受けていないと考えがちのようです。しかし実際には、議論を経て形成される意見や態度は、議論の場のさまざまな要因によって強く影響を受けています。言い換えると、すべての意見や態度を自分の考えで固めているように感じていたとしても、実際はその場の状況に流されていただけの場合も少なくありません。この節では、議

論中に生じる主な現象について、心理学的知見を交えて説明をしていきます。

多数派と少数派の影響力

前述のとおり、議論のような集団場面において、他者の判断や行動は、個人の判断や行動に対して多大な影響を与えています。その代表的な現象のひとつに同調があります。同調とは、集団や他者のもつ基準・価値観・期待・行動などに沿うように自分の意見・態度・判断・行動などを決定・変容させる現象のことです。同調現象は、アッシュ（1951）という研究者による有名な実験によって実証がされています。アッシュの実験の概要は以下のとおりです。

> 実験参加者8人に見本のカードと問題のカードを見せます。見本のカードには直線が1本だけ描かれており、問題のカードには長さの違う3本の直線が描かれています。実験参加者は順番に一人ずつ、3本の直線のうち見本と同じ長さの直線はどれか口頭で回答させます。

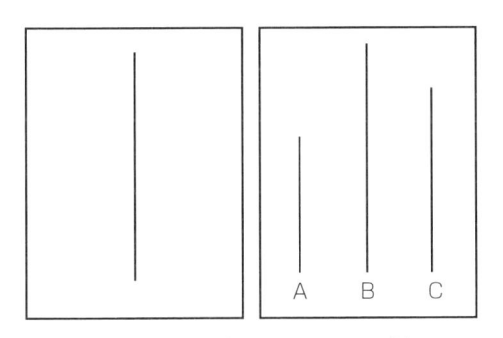

アッシュの実験で用いたカードの例

なおこの問題は、図を見てもらえばわかるとおり非常に簡単な問題となっています。ただし、8人中7人はサクラ（実験協力者）であり、実際に実験を受けている参加者は一人だけです。そして、実験参加者の回答順

序は最後であり、その前にサクラが全員一致でわざと誤った回答を繰り返します。その後に実験参加者が、サクラの回答につられず、正しい回答ができるかどうかについて調べることがこの実験の目的となっています。この実験を何度も繰り返した結果、1度も間違わなかったのは実験参加者の1/4のみでした。非常に簡単な問題であるにもかかわらず、実験参加者の3/4はサクラの回答による影響で、回答を歪めてしまったという結果になっています。

　また、ミルグラム（1969）という研究者は、ニューヨークの繁華街でサクラが急に立ち止まり60秒間空を見上げた際に、他の通行人がどのような反応をするかを調べるというシンプルな実験を行っています。その結果、サクラが一人のときは42%の通行人が、サクラが15人のときは86%の通行人が、サクラと同じように空を見上げたことを報告しています。

　以上の実験結果から、われわれの行動・態度は他者や集団の行動・態度から強く影響を受けていることがわかります。特に、<u>自分とは異なる態度をもつ者が周囲に多くいて、その周囲の者たちの間では態度の統一がとれているほど影響力は強く、集団に流されてしまいやすい傾向にあります</u>。われわれは議論の場面においても、多数派と違う立場であったとしても、プレッシャーに負けて自身の意見を引っ込めてしまったり、態度を覆してしまったりすることが多々あるようです。特に、議論を行う集団のメンバーの仲が良かったり、集団のまとまりが良いほど、多数派への同調圧力は強いことが明らかにされています（木下, 1964）。つまり、仲の良い人が多く集まっている集団ほど、集団の多数派の意見や態度に合わせてしまう傾向は高いといえます。その一方で、集団とは逆の態度をもつ者が自分以外に一人でもいると、集団からの圧力の影響は弱くなることも明らかにされています。また、議論におけるテーマや判断すべき内容が自身にとって重要度が低いほど同調は起きやすく、重要度が高いほど同調は起きにくいことも報告されています（木下, 1964）。

　以上のように、われわれは多数派の影響によって、同調的に態度を変容することがよくあります。多数派とは違う意見や態度をもっていたときに、その意見や態度を保持することは難しいことなのかもしれません。では少

数派が多数派の意見をひっくり返すことは難しいのでしょうか。いくつかの研究によると、少数派が多数派よりも強い影響力をもつことも可能であることが示唆されています。少数派が強い影響力をもつためには以下の条件があげられます。

(1) 確信に満ちた態度で一貫して自説を主張し続けること（ネメスら，1974）
　　自身の主張にブレがあったり、自信が無さそうである場合は影響力が低くなる。
(2) 主張内容が論理的であること（クラーク，1990）
　　その主張や判断が妥当であることを、論拠などを交えながら示す必要がある。主張や判断の根拠がよくわからないと影響力が低くなる。
(3) 少数者の社会的属性（人種、性別等）に利害関係がないこと（マースとクラーク，1984）
　　「自身に利益があるために多数派とは違う主張をしている」と判断されると影響力は低くなる。逆に「自身には利益もないのに多数派とは違う主張をしている」と判断されると影響力は強くなる。

　以上のような条件がそろったとき、少数派もまた多数派に対して強い影響力をもつことが明らかにされています。また、多数派への同調は「うわべ」だけの場合が多い（ex. 屈従）が、少数派からの影響による意見変容は強固（ex. 内面化）である場合が多いことも明らかにされています。そのため、少数派が議論において多数派の意見をひっくり返すことは必ずしも難しいわけではないですし、もしも少数派が議論をひっくり返すことができたときの説得効果は非常に高いといえます。ですので人狼ゲームにおいても、もし少数派の意見をもち続けていたとしても、恐れず主張することで議論がひっくり返る可能性は十分にあります。

最終的な決定が歪んでしまう

「忘年会を行うときに、どれくらいの値段の店を選んで、会費は一人あたりいくらにするか複数人で話し合って決める場面」を想定してみてください。議論する前に一人あたりの会費について各自の意見を聞いたところ、3千円という意見が5人、5千円が2人、7千円という意見が2人、1万円という意見が5人いたとします。この後に話し合いによって最終決定をする場合、どのような決定が生じるでしょうか。一見すると、中間あたりの5千円〜7千円に落ち着きそうな感じもしますが、実際にはそうはなりにくいことが心理学の研究から明らかにされています。

集団で議論を行って物事を決める場合、最終的な決定が極端なものになったり、大きく歪んだものになることが多々あります。集団での議論を経ることで、当初の意見が一層強められてしまい、極端な決定となってしまう現象を集団極性化と呼びます。集団で議論を行うと集団極性化が生じやすく、当初にもっていた全員の意見の中間あたりが最終決定として落ち着くことは少なくなります（ストーナー, 1961）。より安全志向になる場合もあれば、よりリスキーな決定がなされることもあります。上記の忘年会の会費の例だと、中間あたりの金額ではなく、1万円もしくは3千円といった、極端に高いか極端に安い決定がされる可能性が高くなります。

ではなぜ個人の意見の中間に落ち着かず、より極端な決定がなされるのでしょうか。その理由は以下の3つにまとめられます。

(1) 集団での話し合いでは多数派の意見をより多く聞かされることになり、多数派は当初の立場を互いに支持・補強しあい、より強固で極端な意見をもつようになるため。
(2) 他のメンバーに望ましい自己イメージを提示したいため、他者よりも極端で強い意見を表明するようになるため。
(3) 集団への所属意識や同一視が生じ、そこでの代表的意見に同調するため。

以上のような理由から、集団での意見は徐々に極端な方向へと変化していくことが明らかにされています。そして、議論を行う集団のまとまりが良く、メンバー間の仲が良いと、上記のような傾向は強くなり、話し合いは失敗しやすいという特徴があるようです。まとまりの良い集団での議論で生じやすい失敗について、ジャニス（1971）は以下のようにまとめています。

（1）意見の合意への圧力
　　他のメンバーとは異なる意見を言うことを自分で規制しやすくなる。または、多数派の意見に異議を唱える者に対して、露骨な圧力や中傷が生じやすくなる。
（2）全員一致と正当性の幻想
　　「反対意見を出さない人物は合意しているだろう」という錯覚に陥る。さらに、合意している人物が多いと錯覚することで、決定が素晴らしいものに違いないという極度の楽観的幻想に支配される。
（3）外集団への敵対的なステレオタイプ
　　自分たちとは別の集団がいる場合に生じる。内輪の集団で話し合いを行うので、別の集団を分析する際に典型的なステレオタイプ思考（偏見的な考え）に陥る。もっともらしい理屈をでっちあげて自分たちの決定を正当化する。

　以上のような現象は、集団のまとまりが良いほど生じやすいとされています。つまり、仲の良い集団での話し合いが、必ずしも良い結果を招くとも限らないどころか、むしろ愚かな決定をしがちになりかねないということを示しています。これを防ぐためにジャニス（1971）は以下の4つの解決策を提案しています。

（1）リーダー（司会）は異論や疑問を奨励する。
（2）リーダー（司会）は主観的意見を述べず、中立的な立場をとる。

(3) 大勢の意見にあえて別の視点から指摘する役割のメンバーを入れておく。
(4) 決定すべき問題が敵対関係にある集団と関わる場合は、情報収集と分析に時間をとる。

　以上のように、われわれは議論を行うと、個人の意見・態度や集団の判断・決定が、意識せずに歪んだり変容したりする可能性が高いといえるでしょう。集団で議論を行う人狼ゲームにおいても、このような現象は顕著に生じうると予想されます。人狼ゲームにおいても、仲が良い集団だと意見が同じ方向性となる可能性が高くなるでしょう。あまりにも議論中の意見が一方向に向かいすぎているときは、あえて別の視点からの意見も提案してみることが重要となるかもしれません。

　本章では、人狼ゲームにおける議論や説得に関する心理学的知見を紹介してきました。人狼ゲームは嘘を見破るという要素も重要ではありますが、何より重要となるのは相手に信じてもらえるように説得することであるといえます。伝え方が変われば、同じ内容であっても、相手への伝わり方はまったく変わってきます。「どのように相手を説得するか」という点に目を向けると、より人狼ゲームの楽しさが広がるでしょう。
　さらに、「どのように話し合うか」という要因によって、議論で得られる結論が変わってくることも説明してきました。コミュニケーションの場では、さまざまな要素によって最終的な結果が変わってくるといえます。説得の方法も、議論の方法も、どちらも人狼ゲームだけではなく、ふだんの生活のコミュニケーションにおいても重要といえるでしょう。コミュニケーションのあり方について、あらためて意識してみると、新たな発見があるかもしれません。

| コラム | 人狼ゲームの経験によって変化する「嘘発見の手がかり」の信念 |

　人狼ゲームを経験することで、他者が嘘をついたときの反応についての信念がどのように変化するか探索的に調査を行ったので、ここではその結果を紹介します。

問題と目的

　第2章で示したように、われわれは「嘘をついたときに生じやすい反応」が存在すると考えているようです。たとえば和田（1993）は、専門学校の女子学生を対象とした調査結果から、自分自身よりも他者（知人）のほうが嘘をついたときに非言語的行動に変化が生じやすいと捉えていることを示しました。しかし嘘の見破りやすさに関しては、実際には表情や身体反応といった非言語的行動を手がかりとするより、声や発言内容を手がかりとしたほうが正確であるという指摘もあります（ザッカーマンら，1981）。すなわちわれわれは、他者が嘘をついたときには何らかの非言語的行動の変化を手がかりに嘘を見抜けるという信念をもっているようですが、実際にはその信念は妥当でない場合が多いと考えられます。

　そして「嘘をついたときに生じる反応」の信念は、人狼ゲームの経験によって形成・変化すると推察されます。なぜなら人狼ゲームは、嘘をついている人物が誰であるかを見破ることが重要となるため、他者の嘘を深く精査する体験であるといえます。人狼ゲーム経験者は、ゲーム中に嘘発見のトライアル＆エラーを行っているといえますので、人狼ゲームを通じて嘘を見抜くための信念を学習していると考えられます。

　以上の議論から、人狼ゲーム経験者は未経験者とは違った嘘の手がかり信念をもっていると考えられます。本研究では、人狼ゲームの経験によって、嘘の手がかり信念がどのように異なるか、探索的に把握することを目的とします。

方法

調査は 2013 年 10 月～12 月に行われました。次の (a) ～ (c) の 3 群の調査対象者に対して、質問紙を配布し調査を実施しました。

(a) 大学生 246 名を対象に調査票を配布し、このうち「人狼ゲームで遊んだことがある」と回答した者を分析対象から除外しました。分析対象は男性 82 名、女性 121 名の計 203 名でした。

(b) 人狼ゲームイベントに参加していた 42 名（男性 19 名、女性 23 名）を調査対象としました（以下、人狼愛好者）。

(c) 舞台「人狼ザ・ライブプレイングシアター（人狼TLPT）」に複数回の出演経験のある役者 24 名（男性 11 名、女性 13 名）を調査対象としました（以下、人狼 TLPT 役者）。人狼 TLPT とは、舞台上でアドリブによって人狼ゲームを行う演劇であり、2012 年 10 月以降、公演が続けられています。調査対象者の人狼 TLPT の平均出演舞台数は 37.2 回でした。なお、調査内容は以下のとおりです。

(1)「嘘を見抜く自信」 他者の嘘を見抜くことがどの程度得意かについて、「7. 非常に得意である」～「1. 非常に苦手である」の 7 件法で回答を求めました。

(2)「他者が嘘をついたときの反応の信念」 他者が嘘をついたときに変化が生じると考えられている反応 37 項目を提示しました。「あなたは、他者がウソをついているときにどのような反応や言動が生じやすいと考えていますか。当てはまるものに○をつけてください」と教示して、回答者には嘘をついたときに変化が生じると考えているものすべてに○をつけるよう求めました。

結果と考察

(1) 嘘を見抜く自信について、各群（大学生、人狼ゲーム愛好者、人狼 TLPT 役者）間に差があるかを検討しましたが、統計上の差はみられませんでした（表1; $F(2, 267) = 1.01$, n.s.）。このことから、人狼ゲームを経験しても、嘘を見抜く自信には繋がらないことが明らかになりました。

これは、人狼ゲームを通じて嘘発見のトライアル＆エラーを行っていると、他者の嘘を見破ることの難しさも同時に学習するため、人狼ゲーム経験が嘘を見抜く自信に繋がっていないと考えられます。

表1　他者の嘘を見抜く自信

	n	平均	標準偏差
学生	203	4.06	1.36
人狼愛好者	42	4.38	1.34
人狼TLPT役者	24	4.17	1.23

注：4が中間（どちらでもない）

　(2)　他者が嘘をついたときの反応の信念について全体の選択率を算出したところ、「目をそらす（62.3％）」「そわそわした様子が増える（47.0％）」「あいまいな発言が増える（41.8％）」「話のスピードが増す（35.4％）」などが多く選択されていました。次に、いずれかの群の選択率が20％以上であった19項目について、人狼ゲーム経験によって他者が嘘をついたときの反応の信念に差がみられるかを検討しました。その結果が表2です。また表2の結果を双対尺度法という統計手法を用いて図に表しました（図1）。図1では、各群（大学生、人狼ゲーム愛好者、人狼TLPT役者）で多く選択していた項目はその群の近くに示され、他の群に比べてあまり選択されていなかった項目は遠くに示されるようになっています。

　この結果をみると、大学生は「目をそらす」「そわそわした様子が増える」「口ごもる」「手や指の動きが増える」「まばたきが増える」などの身体的反応を多く選択している傾向がみられました。もっとも人狼ゲームに熟練している人狼TLPT役者は「返事が早くなる」「同じ言葉を何度も使う」「話の言い間違いが増える」「発言のもっともらしさが減る」「発言が増える」「言い直す回数が増える」「発言が長くなる」など、発言に関する項目を多く選択している傾向がみられました。人狼愛好家は、大学生と人狼TLPT役者の中間程度に位置しており、「発言の一貫性が減る」

表2　群別の「他者が嘘をついたときの反応の信念」選択率

	n	目をそらす	そわそわした様子が増える	あいまいな発言が増える	話のスピードが増す	緊張している様子が増える	発言が増える	発言の一貫性が減る	手や指の動きが増える	自分の体を触る回数が増える	口ごもる
学生	203	71.4%↑	53.7%↑	43.8%	37.4%	33.5%	31.5%	26.1%	28.1%↑	26.1%	28.6%↑
人狼愛好者	42	26.2%↓	23.8%↓	38.1%	26.2%	35.7%	31.0%	47.6%↑	19.0%	23.8%	11.9%↓
人狼TLPT役者	24	47.8%	30.4%	30.4%	34.8%	43.5%	47.8%	17.4%	17.4%	17.4%	17.4%
全体	269	62.3%	47.0%	41.8%	35.4%	34.7%	32.8%	28.7%	25.7%	25.0%	25.0%
χ2値		32.58**	15.25**	1.81	1.93	0.93	2.57	9.44**	2.40*	0.88	5.93*

	n	同じ言葉を何度も使う	まばたきが増える	言いよどむ	言いなおす回数が増える	発言のもっともらしさが減る	発言が長くなる	言い間違いが増える	返事が早くなる	自分についての話が増える
学生	203	24.6%	27.1%↑	23.6%	23.6%	23.6%	17.2%↓	21.2%	15.3%	5.9%↓
人狼愛好者	42	16.7%	9.5%↓	19.0%	11.9%	7.1%↓	26.2%	7.1%	11.9%	23.8%↑
人狼TLPT役者	24	39.1%	21.7%	17.4%	30.4%	30.4%	39.1%↑	30.4%↑	26.1%	26.1%↑
全体	269	24.6%	23.9%	22.4%	22.4%	21.6%	20.5%	19.8%	15.7%	10.4%
χ2値		4.04	5.97*	0.79	3.70	6.74*	7.05**	6.13*	2.36	18.49**

注1）**$p<.01$。*$p<.05$。↑↓は有意確率5％水準の残差分析で高かったものと低かったものを示す。
注2）いずれかの群での選択率が20％以上だったもののみ。いずれの群においても選択率20％未満の群のカテゴリは次のとおりである（括弧内は全体の選択率）。「姿勢を変える回数が増える（19.4％）」「ジェスチャーが増える（17.5％）」「足や脚の動きが増える（17.2％）」「返事が遅くなる（13.8％）」「目を合わせる時間が増す（11.2％）」「発言が減る（10.8％）」「声が高くなる（10.4％）」「微笑が減る（10.1％）」「ゆかいな表情が増す（7.8％）」「瞳（瞳孔）が大きくなる（7.5％）」「瞳を結ぶしぐさが増える（7.5％）」「うなずきが増える（6.0％）」「頭の動きが増える（6.0％）」「発言が長くなる（5.6％）」「ネガティブな発言が増える（3.7％）」「足や脚の動きが減る（3.4％）」「手や指の動きが減る（2.2％）」「あごを上げるしぐさが増える（0.4％）」

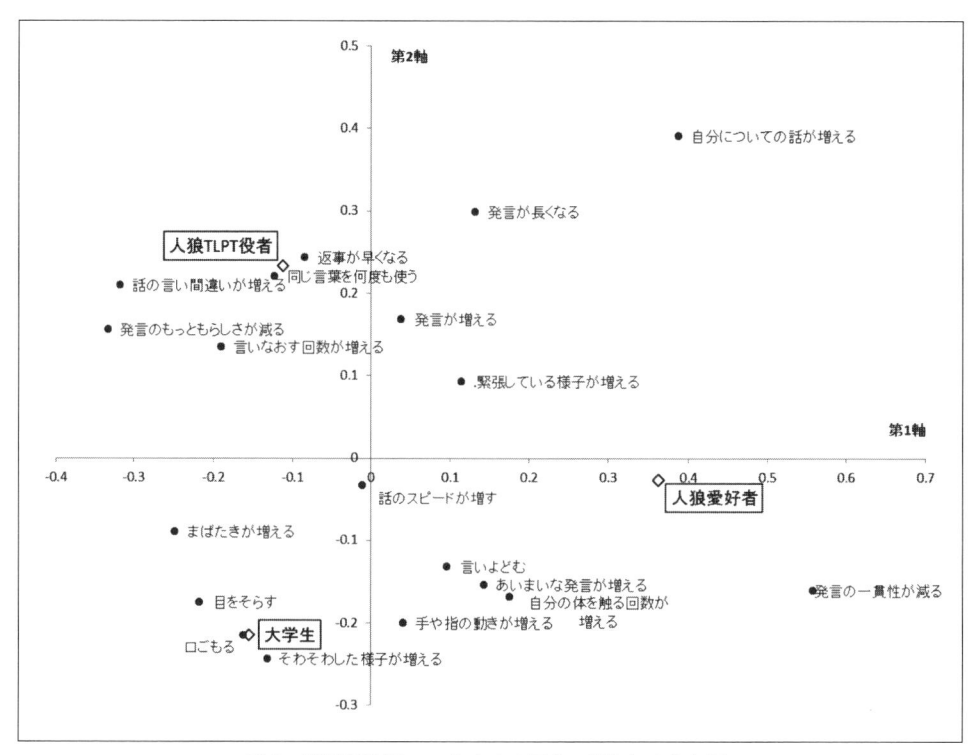

図1 「他者が嘘をついたときの反応の信念」の分布図

「自分についての話が増える」などを多く選択している傾向がみられました。

以上の結果から、人狼ゲームの熟練度によって、他者の嘘の手がかり信念は、身体的反応から発言へと注目が移ることが示唆されました。ザッカーマンら（1981）は、身体的反応よりも発言を手がかりとしたほうが、嘘を見破る正確さが高くなることを指摘しています。このことから、人狼ゲーム経験によって、嘘の手がかり信念の妥当性が増している可能性が示唆されました。つまり、人狼ゲームを経験することで、嘘の見破り方が上手になっていると考えられます。ただし、人狼ゲームは会話によって他者の嘘を判断するゲームであるため、身体反応よりも発言に着目するクセが学習されただけに過ぎない可能性もあります。

第4章　人狼ゲームを活用する

　第2章と第3章では、人狼ゲームを題材に、嘘に関する心理学的知見と、議論・説得に関する心理学的知見を解説してきました。人狼ゲームはコミュニケーションがとても重要であること、そして心理学における諸理論が人狼ゲームのさまざまな側面に適用が可能であることを示してきました。

　第4章では、「より良いコミュニケーション」を学習するトレーニングとして、人狼ゲームを活用する方法を示していきます。人狼ゲームは非常にシンプルなルールではありますが、ゲーム中に行われるコミュニケーションにはさまざまな要素が含まれています。人狼ゲームを通じてコミュニケーションを「体験」することで、自身のコミュニケーションの特徴・クセを振り返ってみたり、自身に不足しているコミュニケーションの技術を学習することができます。

　この第4章では、まず「良いコミュニケーション」とはどのようなものなのかについて、社会的スキルという概念をもとに解説を行います。そして実際にコミュニケーションのトレーニングとして人狼ゲームを活用する具体的方法を示していきます。

社会的スキルとは

　まず、みなさんがふだんよく会う人物を何人か思い浮かべてみましょう。その人物の中に、多くの人と仲良くつきあっていて、他の人から悪く言われることがほとんどない人物はいませんか？　その逆に、仲良くつきあえる人がほとんどいない上に、他の人からあまり良い評価を聞かない人物はいませんか？

　この両者を比べると、われわれは明らかに前者の人物を「人づきあいの

うまい人」と捉えて、後者の人物を「人づきあいが下手な人」だと考えるでしょう。このことから考えても、人づきあいには上手・下手があり、「人づきあいが上手か下手かの捉え方」は、ある程度は一般的に共通している見解があるといえるでしょう。

　では、人づきあいがうまい人は、なぜつきあいが上手なのでしょうか。また、人づきあいが下手な人は、なぜつきあいが下手なのでしょうか。みなさんの周囲にいる「人づきあいが上手な人」と「人づきあいが下手な人」をそれぞれ思い浮かべて、その人たちのふだんの振る舞いを考えてみましょう。ふだんの話し方の特徴には何か違いがないでしょうか。それぞれの人物は、ふだんどのような言葉を選んでいるでしょうか。ふだんどのような表情で、どのような間の取り方で、どのように話しているでしょうか。また、他の人の話を聴くときはどうでしょうか。その思い浮かべた人物に頼みごとをしたときの反応はどうでしょうか。挨拶をしたときの反応はどうでしょうか。想定した人物たちのふだんの振る舞いに何か違いはみつからないでしょうか？

　では次に、みなさん自身のふだんの振る舞い方を振り返ってみましょう。思い浮かべた「人づきあいのうまい人」と「人づきあいの下手な人」それぞれの様子と比べると、みなさんのふだんの振る舞い方は、どちらの人に近いといえますか？

　「人づきあいがうまい人」と「人づきあいが下手な人」のふだんの様子を見ていると、さまざまな違いがあることがわかるでしょう。「人づきあいがうまい人」はふだんの振る舞いも上手であり、「人づきあいが下手な人」はふだんの振る舞いにも何か問題がある可能性が高いといえます。もしふだんの人づきあいがうまくいっていないと悩んでいるのであれば、ふだんの言動に何か悪いクセのようなものがあるのかもしれません。たとえば、つい感情的な言動をして相手を不快な気持ちにさせてしまうことがあったり、その逆に、自分の言いたいことを言うことができずにがまんばかりしていることはないでしょうか。

　心理学では、他者とうまくつきあうための技能全般のことを社会的スキル（ソーシャルスキル）と呼びます。社会的スキルの定義は研究者によっ

て多少の差はありますが、本書では「他者と上手にコミュニケーションをとる上で、どのように振る舞うかの技術」という部分に焦点を置くことにします。社会的スキルが欠如していると、日常の対人関係不全を生じやすく、孤独感や不安感が増したり、抑うつの症状が促進されやすいことがこれまでの研究から指摘されています。

　そして社会的スキルは、トレーニングによって習得できることが明らかにされています。ただし、社会的スキルは非常に広い包括的な概念であり、トレーニングもさまざまなプログラムが考案されています。社会的スキルに関する心理学研究では、さまざまな種類のスキルが指摘されています。その社会的スキルの中でも特に重要なものとして「自分の意見・態度を上手に主張するスキル」と「他者の話をしっかりと聴くスキル」があげられます。これらのスキルを他の社会的スキルと弁別するために、本書では便宜上「コミュニケーションスキル」と呼ぶことにします。そしてこれらのコミュニケーションスキルは、人狼ゲームを用いたコミュニケーショントレーニングによって学習が可能です。そこで次の節からは、人狼ゲームを用いたコミュニケーショントレーニングについて説明をしていきます。

人狼ゲームを用いたコミュニケーショントレーニング

　以降は、実際に人狼ゲームを用いたコミュニケーショントレーニングの進め方について解説していきます。人狼ゲームを用いたコミュニケーショントレーニングは、以下で示す流れで進めていくことになります。

　ただし、本書で説明するコミュニケーショントレーニングの成果には限界がありますし、トレーニング対象も限定的であることをよくご理解ください。このトレーニングは、「日常生活の対人関係で、コミュニケーションをある程度はとることができているが、さらに上手なコミュニケーションをとりたい」という人をトレーニングの対象と想定し考案しています。この人狼ゲームによるトレーニングは、ゲーム場面における他者との会話体験を通じて、コミュニケーションのスキルを獲得することを目的として

```
┌─────────────────────────┐
│  トレーニングの目的を教示  │
└───────────┬─────────────┘
            ↓
┌─────────────────────────┐
│ 人狼ゲームのルールと注意を説明 │
└───────────┬─────────────┘
            ↓
┌─────────────────────────┐ ┐
│    人狼ゲームの実施    ←─┐│ │何
└───────────┬─────────────┘│ │度
            ↓              │ │か
┌─────────────────────────┐│ │行
│    ゲームの振り返り    ──┘│ │う
└───────────┬─────────────┘ ┘
            ↓
┌─────────────────────────┐
│  トレーニング全体のまとめ  │
└─────────────────────────┘
```

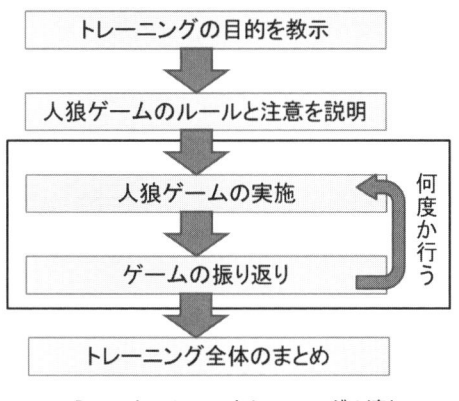

コミュニケーショントレーニングの流れ

います。そのため、日常生活で他者とふつうの会話をすること自体が苦痛であったり難しかったりする場合は、トレーニングへの参加も難しいでしょう。ここで示すトレーニングは、あくまで日常生活でふつうにコミュニケーションすることができている人が、さらに一歩先のスキルを得るためのトレーニングであることに注意してください。

　トレーニングの目的や参加者の様子、所要時間によってゲームの回数は変化しますが、おおよそ3時間ほどのトレーニングで3回のゲームを行うことをおすすめします。「人狼ゲームの実施」と「ゲームの振り返り」を合わせて、1回あたり30～60分ほどの時間がかかります。

　トレーニングを行う前に

まずは、トレーニングを行う準備を行いましょう。

■参加者数
　このトレーニングプログラムは、1グループあたり7～10名程度を想定しています。1グループにつき1名のゲームマスター（GM）が必要となります。GMはゲーム（トレーニング）に参加しませんので、トレーナーの方がGMを担当してください。

■準備するもの
- 人狼カード一式

    市販の人狼カードを用意してください。「究極の人狼（アークライト）」「はじめての人狼（アークライト）」など、さまざまな種類のカードが市販されていますが、どのカードでも問題ありません。

    もしカードがない場合はトランプを使うこともできます。例えば「ハートのカードは村人、スペードのカードは人狼」などと決めて代用することができます。

- 名札（参加者数）

    全員分の名札を用意してください。

- ストップウォッチやタイマー

    ゲームマスターが会議の時間を計るために使います。

- 記録用紙（3枚）

    ゲームマスターが記録を行うために用います。記録用紙の例は本書の最後にあります。

- ゲーム振り返りシート（参加者数×2枚）＆まとめシート（参加者数×1枚）

    本書の巻末にあります。コピーして使用してください。

- 筆記用具

    参加者全員に行きわたるように用意してください。

■場所の確保

参加者全員が、輪になって座ることのできる場所を確保してください。全員の顔が見えて、会議中にお互いの声が聞こえるぐらいの広さが必要です。一方で、隣の人と身体が当たるような狭さの場所は、このゲームを遊ぶのに適していません。ある程度、ゆったりと会話できる場所を選んでください。場所が決まったら、参加者全員を輪になって座らせて待機させてください。

トレーニングの目的を教示

まずは参加者全員に、このトレーニングの目的の説明を行います。

■目的

　このトレーニングプログラムは、ゲームを通じてコミュニケーションの技術を高めることを目的としています。特に、「自分の意見・態度を上手に主張するスキル」と「他者の話をしっかりと聴くスキル」といったスキルの獲得に焦点化し、学習を目指します。

　このトレーニングプログラムで習得を目標とするスキルをさらに細分化すると、次のようになります。

- 自分の思考、感情、信念を素直に表出する
- 自分の行動を主体的に決定する
- 感情に流されずに冷静に自己表現する
- 伝わりやすい形式で、相手に伝えたいことを表出する
- 相手の意見や態度を上手に受け止める

以上のスキルの学習のために、以下のことを行います。

(1) ゲームを通じて自分自身のコミュニケーションの特徴を振り返り、把握する。
(2) 他者のコミュニケーションの様子を見て、コミュニケーションの個人差を知る。
(3) 良いコミュニケーションの方法を知り、実際にロールプレイすることで学習する。

人狼ゲームのルールと注意を説明

■人狼ゲームのルール
トレーナー（GM）は以下のルールを読み上げます。

　人狼ゲームは、「村人陣営」と「人狼陣営」による生き残りをかけたゲームです。
　村人陣営は、村人の姿に化けた人狼を探し出して、処刑することが目的となります。
人狼陣営は、正体を隠して処刑を逃れ、毎晩村人を襲撃して、村を滅ぼすことが目的となります。最初にみなさんには役職カードを配り、村人陣営と人狼陣営に分かれてもらいます。村人陣営は、人狼が誰かわからない状態でゲームが開始します。一方で、人狼陣営は、仲間の人狼が誰かわかる状態でゲームが開始します。
　ゲームは「昼の時間」と「夜の時間」を繰り返し行います。
　昼の時間には、全員で人狼を探す会議を行います。会議が終わったら、それぞれ人狼だと思う人に投票を行います。そして、もっとも人狼だと疑われて投票を集めた人を、毎日1名処刑します。
　夜の時間には、全員で目を閉じて、眠りにつきます。人狼だけが目を開けて、犠牲とする村人を1名選び、襲撃します。
　そして夜が明け、次の昼がくると、人狼に襲撃された人が発見され、また人狼を探す会議と投票を行います。
　このように、昼に処刑で1名、夜に襲撃で1名、毎日2名ずつ犠牲者が出ます。
　犠牲となった人は、ゲームから脱落し、以降は話をすることができなくなります。
　「人狼」をすべて処刑することができれば村人陣営の勝利、生存している村人の人数が人狼の数と同数以下となったら人狼陣営の勝利となります。
　途中でゲームを脱落しても、所属する陣営が勝利したら、自分も勝利となり

ます。

　なお、処刑や襲撃されてゲームから抜けるとき、自分の役職カードを公開してもらいます。そのため毎日の処刑した人物が、人狼なのか村人なのか全員がわかることになります。処刑や襲撃をされたとき以外には、絶対に自分の役職カードを他人に見せないでください。

■トレーニングの諸注意
　人狼ゲームを実施する前に、参加者全員に以下の注意事項を伝えます。

（1）ゲームに没頭しすぎない
　　目的は「コミュニケーショントレーニング」です。勝敗にこだわりすぎたり、ゲーム中に感情的になりすぎないように気をつけましょう。暴言や汚い言葉使い、高圧的な態度などはとらないように注意しましょう。
（2）あくまで「ゲーム」であることを忘れない
　　人狼ゲームはその性質上、「信用されなかった」「騙された」ということが発生します。そのようなことが起きても、「そういうゲームであるから仕方ない」と考えましょう。
（3）説得が重要
　　「嘘をつくこと」よりも、相手を「どう説得するか」が重要なゲームです。
　　人狼であっても村人であっても、どうすれば自分の言葉を信じてもらえるかを考えながら、行動しましょう。
（4）全員が参加できるように議論をしよう
　　人狼ゲームの経験者は、専門用語やセオリーなど、初心者がわからないようなことを言わないように注意しましょう。
　　隣同士だけでしゃべるなどはせずに、全員に聞こえるように話をしましょう。
（5）しっかりと名前を呼ぼう

ゲーム中はお互いの名前を呼びあいましょう。「あの人」「このあたり」など指示語を使用することは、できるだけ控えましょう。

以上の注意を徹底し、全員が気持ち良くゲームやトレーニングに参加できるよう心がけましょう。

人狼ゲームの実施

ルールと諸注意の説明が終わったら、実際に人狼ゲームを行いましょう。本書で紹介するコミュニケーショントレーニング用の人狼ゲームは右の図の流れで行います。

このトレーニングプログラムの人狼ゲームでは、初めて人狼ゲームを行う人でも議論を行いやすいように構成しています。また、本来の人狼ゲームでは「占い師」などの特殊な役職（第1章参照）を入れることが多いですが、このプログラムの人狼ゲームでは「役職」を最低限しか入れていません。再度後述しますが、1回目のゲームでは「人狼」と「村人」の役職だけで行い、2回目のゲームではハンターの役職（後述）を、3回目のゲームではボディーガードの役職（後述）を入れてゲームを行うことをおすすめします。

また、1回目と2回目のゲームが終了したら、それぞれ「ゲーム

ゲームの流れ

【0日目】
カードの配布
配役の確認
↓
【1日目 昼】
自己紹介
第一印象の確認

会議
　　議論(5分程度)
　→ ひとりずつ意見発表(30秒ずつ)
　→ 議論(5分程度)

投票(処刑者の決定)
↓
【1日目 夜】
人狼の襲撃先の決定
(ボディーガードの能力の使用)
↓
【2日目以降 昼】
襲撃先の発表
会議(2〜4分)

投票(処刑者の決定)
↓
【2日目以降 夜】
人狼の襲撃先の決定
(ボディーガードの能力の使用)

決着がつくまで

展開の振り返り」と「コミュニケーションの振り返り」を行ってください。「ゲームの展開の振り返り」と「コミュニケーションの振り返り」の間に、数分の休憩を入れてもよいでしょう。

0-1. カードの配布

GM は全員にカードを配布します。先述のとおり、1回目のゲームでは「人狼」と「村人」の役職だけで行いましょう。2回目のゲームではハンターの役職カードを1枚、3回目のゲームではボディーガードの役職カードを1枚入れてゲームを行うことをおすすめします。ハンターやボディーガードの役職カードを加えたら、その分の村人カードを1枚取り除きましょう。

この中には人狼が2匹います（「ハンター」や「ボディーガード」などの役職が入っている場合はその人数も伝える）。残りの人は特別な能力のないただの村人です。

今から1名1枚ずつ役職カードを配ります。配られたらカードを確認してください。他の人にカードを見せてはいけません。

※「ハンター」の役職を入れる場合

ハンターは村人陣営です。

ハンターのカードを引いた人は、処刑や襲撃によってゲームを脱落するとき、1名を選んで独断で処刑することができます。

※「ボディーガード」の役職を入れる場合

ボディーガードは村人陣営です。

ボディーガードのカードを引いた人は、夜に誰か1名を人狼の襲撃から護衛することができます。ボディーガードの護衛先に選んだ人を人狼が襲撃した場合、人狼の襲撃は失敗となり、誰も襲撃の犠牲となりません。

ただしボディーガードは自分自身を護衛することはできません。

0-2. 役職の確認

　人狼だけ目を開けさせ、仲間を確認させます。また、GM も人狼や役職者を確認して、記録表にメモをとりましょう。

夜になりました。全員目を閉じてください。

（全員が目を閉じていることを確認してから）
人狼の方は目を開けて、仲間の人狼が誰か確認してください。
確認できましたら、目を閉じてください。
（ハンターやボディーガードが入っている場合は、同様に確認を行う）

1-1. 1 日目の昼　自己紹介

　まず自己紹介を行いましょう。2 回目以降のゲームでも自己紹介を行ってください。
　<u>自己紹介では全員に「自分の名前」「ゲームへの意気込み」を話し、最後に「自分が人狼ではない」という宣言を行うように求めます</u>。この自己紹介の様子も以降の会議における話題となります。

1 日目の昼がやってきました。まずみなさん自己紹介をしましょう。
　自己紹介では、「自分の名前」と「ゲームへの意気込み」について話し、最後に「自分が人狼ではない」ことを宣言してください。
　では〇〇さんから時計回りの順に自己紹介をお願いします。

1-2. 1 日目の昼　第一印象の確認

　会議を始める前に、第一印象の確認をします。これを行うことで会議の話題が増え、人狼ゲームに不慣れな人が多くても議論が活性化されやすくなります。

今の自己紹介の様子も人狼を探す手がかりにしてください。
　会議を始める前に、現時点で誰が人狼だと感じているか、第一印象をみなさんにお聞きします。
　私が「せーの」と言いますので、人狼だと思う人を一斉に指差していただきます。

　それでは全員、指を上げてください。
　準備はよろしいですか？　せーの！
　（順番に誰が誰に指をさしたか確認する。参加者には得票数を指で示させる）

1-3. 昼の会議

　1日目の会議では、最初に3〜5分ほど自由な会議時間を設けます。その後に「一人ずつ意見発表」の時間を30秒ずつ設け、最後に3〜5分程度の会議時間を設けましょう。2日目の会議時間は4分、3日目は3分、4日目以降は2分の会議時間がおすすめです。会議時間はその場の雰囲気や参加者数に応じて調節してください。
　会議時間が半分程度経過したときや、残り時間が1分となったときなど、適当なタイミングでGMは参加者に対して残り時間を通知してください。

　では、人狼を探す会議を始めてください。
　1日目の会議時間は15分程度とします。

　　※ 一人ずつ意見発表
（会議時間が3〜5分経過したところで）
　いったん議論を止めてください。ここで順番に、一人につき30秒ずつ、自由に使える時間を与えます。30秒の間に、自分の意見や思っていることをみんなに話したり、誰かに質問をしてください。この間は話している人と、質問をされた人以外は発言することができません。

それでは○○さんから時計回りの順にお願いします。
(順番はランダムに決める。全員が終わったら会議を再開する)

それでは会議を再開します。残り時間は5分(変更可)です。

1-4. 1日目 投票(処刑者の決定)

　会議時間が終了したら投票に移ります。最初に投票する人はランダムに決めて、以降は時計回りなど順番に投票を行わせてください。なお2日目以降の投票は順番に行わずに、一斉に指をさして投票を行うようにしてください。

　議論を止めてください。投票に移ります。
　順番に、人狼だと思う人を1名選んでもらいます。もっとも多く票を集めた人は、処刑され、ゲームから脱落します。投票を棄権したり、自分に票を入れることはできません。
　なお、同数でもっとも多く票を集めた人が複数となった場合は、一人10秒間の弁明の後に、残った人たちで再投票を行います。
　それでは○○さんから時計回りの順にお願いします。
(投票された人は指で得票数を示すように指示する)

　　※2日目以降は一斉に投票する
　全員、指を上げてください。私が「せーの」と言いますので、人狼だと思う人を一斉に指差してください。
　準備はよろしいですか？　せーの！

(投票が終わり、票数を確認したら)
　本日、もっとも人狼だと疑われ、票を多く集めた人は○○さんです。○○さんは処刑され、ゲームから脱落します。

それでは〇〇さんはカードをオープンしてみなさんに見せてください。
〇〇さんの正体は「村人（人狼・ボディーガード・ハンター）」でした。
　それでは夜になります。

　※最多票者が複数となったときは
　本日、もっとも人狼だと疑われ、票を多く集めた人は〇〇さんと××さんです。
　では弁明の後で再投票を行います。それぞれ10秒以内に弁明を行ってください。
〇〇さんからどうぞ。

　それでは一斉に再投票を行います。
〇〇さんか××さんのどちらかに必ず投票してください。
〇〇さんと××さん以外の方は、指を上げてください。私が「せーの」と言いますので、人狼だと思う人を一斉に指差してください。
　準備はよろしいですか？　せーの！

　（再投票を2回行っても処刑者が決まらなかった場合は、くじなどで処刑者を決める）

　※処刑（襲撃）された人物が「ハンター」だったときは
　本日処刑（襲撃）された〇〇さんはハンターでした。
〇〇さんには処刑する人を1名選んでいただきます。相談はできません。
　それでは〇〇さんは、3秒以内に処刑する人を指差してください。
　3、2、1…
　新たに処刑されたのは××さんでした。××さんはカードをオープンしてみなさんに見せてください。
　××さんの役職は「村人（人狼）」でした。

（以降は通常のゲームの進行に戻る）

2. 夜　人狼の襲撃先の決定
夜は人狼が襲撃を選んだり、ボディーガードがいる場合は能力を実行したりします。

恐ろしい夜がやってきました。全員目を閉じてください。
（1日目のみ）処刑された〇〇さんも一緒に目を閉じてください。

（全員が目を閉じていることを確認してから）
人狼の方は目を開けて、襲撃したい村人を選び、指差してください。
（襲撃先を確認したら）
こちらの方でよろしいですか？　確認できました。目を閉じてください。

※「ボディーガード」がいる場合
ボディーガードの方は目を開けてください。
誰か1名を人狼の襲撃から護衛することができます。
護衛したい村人を選び、指差してください。

（護衛先を確認したら）
こちらの方でよろしいですか？　確認できました。目を閉じてください。

3. 2日目以降の昼
昨夜の襲撃先を発表し、会議を開始します。2日目の会議時間は4分、3日目の会議時間は3分、4日目以降の会議時間は2分程度がおすすめです。
なお、1日目に処刑された人と襲撃された人が村人陣営である場合は、

2日目の議論に参加して、話をすることができます（投票権はありません）。人狼である場合は、そのままゲームから脱落して、2日目の議論に参加することはできません。

　朝がやってきました。みなさんおはようございます。目を開けてください。
　昨夜、人狼に襲われて犠牲となった人は…××さんです。
　××さんはカードをオープンしてみなさんに見せてください。
　××さんの役職は「村人（ハンター・ボディーガード）」でした。

　　※ ボディーガードの護衛先と人狼の襲撃先が一致したとき
　昨夜、人狼に襲われて犠牲となった人は…いませんでした。

　それでは○日目の会議を始めます。会議時間は5分です。

　　※　1日目に処刑・襲撃された人が村人陣営であれば、2日目の会議
　　　 に参加して話をすることができる。投票時間になったら脱落させる。

　昨日処刑された○○さんと、××さんも、2日目の会議に参加することができます。
　ただし、投票権はありません。投票時間になったらゲームから脱落となります。

4. ゲーム終了
　以降、昼の時間と夜の時間を繰り返し、人狼がすべて処刑されるか、村人の数が人狼の同数になった段階でゲーム終了となります。どちらの陣営が勝利したかを宣言しましょう。

ゲームの振り返り

ゲームが終了したら、ゲームの振り返りを行います。ゲームの振り返りは「ゲーム展開の振り返り」と各自の「コミュニケーションの振り返り」を分けて行います。ゲーム展開の振り返りが終了したら、休憩を挟み、コミュニケーションの振り返りを行いましょう。

■ゲーム展開の振り返り
まず簡単に「ゲーム展開の振り返り」を行いましょう。全員のカードを順番に開示して、誰がどの役職であったかを確認しましょう。また、ゲームマスター（GM）は、1日目に誰が処刑され、誰が襲撃され、その後どうなって、最終的にどのような結末になったかを簡単に振り返ります。その後、ゲームの感想を参加者から聞いていきます。なお、ゲーム展開の振り返りの際には、以下の注意を徹底しましょう。

- 結果論で他者を責めないようにする
- 勝敗にはあまりこだわりすぎない
- 他者の人格を攻撃・否定するようなことはしない
- 基本的に良かったことを言い、他者の良くなかった点は指摘しない
- ゲーム展開の振り返りに長く時間をとりすぎない

■コミュニケーションの振り返り
ゲーム展開の振り返りが終了したら、短い休憩を挟み、次に各自のゲーム中の振る舞いについて振り返りを行います。ここではゲーム展開の振り返りとは切り替えて、あくまでも参加者のコミュニケーションの側面の振り返りを行うように注意を徹底してください。

どのように議論を進め、どのように発言し、どのように他者の話を聴いていたか、自分のコミュニケーションのあり方について確認していきます。まずは巻末にある振り返りシートを参加者に配布し、回答を求め、回収し

ましょう。振り返りシートへの回答をもとに、各自のコミュニケーションの特徴を自分で把握することができます。また、次のゲームの目標を立てることで、自身のコミュニケーションの問題点の改善に向けた意識づけができます。トレーニング時の様子に応じて振り返りシートの内容を利用しましょう。

■振り返りシートの使用例（1）
　GMは、参加者のゲーム中のコミュニケーションの様子をチェックして、各人の「良くない点」を把握しておきます。振り返りシートを回収して回答を確認し、自身の「良くない点」を自覚していない参加者がいれば、フィードバックを行いましょう。

■振り返りシートの使用例（2）
　GMは、振り返りシート（5）の「次のゲームの目標」を確認し、次のゲームでその目標を達成できているかをチェックしましょう。もしも達成できていない場合は、ゲーム終了後に意識的に遂行しようとしていたかを確認しましょう。

■振り返りシートの使用例（3）
　GMは、振り返りシート（4）の各項目の回答を集計し、「よくできていた人」ともっとも多く評価を受けていた参加者を発表してもよいでしょう。そして全員で、その参加者の先ほどのゲームにおける振る舞いを振り返ってみましょう。また、該当するスキルが不足している参加者は、次のゲームで、よくできていたと評価された参加者の振る舞いに注目してみるようにすすめてみましょう。

　コミュニケーションのアドバイス

　もしも人狼ゲーム中にうまく振る舞うことができない参加者がいたら、次のような点が重要であることを伝え、次のゲームでは意識してみるよう

にアドバイスしましょう。

■主張する上で重要なこと
　自分の意見を主張する上で重要なことは以下のように分類できます。

・素直な主張
　「自分の思考、感情、信念を素直に表出すること」「自分の行動を主体的に決定すること」が重要となります。他者に配慮しすぎていて、素直に自分の考えを主張することが苦手な人もいるでしょう。もし上手に主張することができなければ、「対処の自己会話」などを行うことがひとつの方略になります。対処の自己会話とは、自分自身に「うまく話せなくても大した問題ではない！」「全身の無駄な力を抜こう！」など言い聞かせることです。あくまでゲームであり、トレーニングですので、失敗しても問題ありません。どんどん積極的な主張を試してみるようすすめてみましょう。
　また、意識的に議論のイニシアチブ（主導権）をとってみましょう。日常生活での話し合いで司会役などをあまりしない人は、このトレーニングの機会を利用して、率先して司会役を試してみてはいかがでしょうか。

・配慮した主張
　「感情に流されずに冷静に自己表現すること」「他者や状況への配慮にもとづいて柔軟に対応すること」が重要です。主張するときに、感情的になりすぎてしまったり、他者への配慮がおろそかになってしまったりすることは誰でもありえます。他者の立場もよく考え、自身のもっている考えが「非合理的な思い込み」になっていないか検討しましょう。また、発言するときは他者への「攻撃」になっていないか気をつけましょう。

・わかりやすい主張
　自分の意見や態度が他者に正しく伝わっていないと感じる場合は、伝え方を意識的に工夫してみましょう。発言の結論を明確にするように意識してみたり、冗長にならないように発言の趣旨を端的にするように意識して

みましょう。また、言葉だけではなく、表情や身振り手振りを使うなど、体全体を使って主張することを意識してみましょう。

■他者の話を聴く上で重要なこと

他者の話を聴くときのルールとして、以下の事柄を守るように意識してみましょう。

- 相手の話を途中で遮らない。また、話の途中で話題を変えない。
- 道徳的判断や倫理的非難を途中では行わない。
- 相手の人格や感情を否定しない。
- 他者の発言に時間的圧力をかけない。

また、他者の話を上手に聴くために、次の事柄を試してみましょう。

- 他者に話すきっかけを与えるように、質問や話題をふってみる。
- 相槌を打つなど、他者の発言に体全体を使って反応する。
- 他者が発言するしぐさにも注意を向ける。

トレーニング全体のまとめ

何度か人狼ゲームの実施と振り返りを行ったら、最後にトレーニングのまとめを行いましょう。各参加者が今回のトレーニングから気づいたこと、学習したこと、そしてどのように今後の生活に活かせるか、考えてみましょう。

巻末のまとめシートを参加者全員に配布し、回答を求め、回収しましょう。まとめシートへの回答を通じて、自身のコミュニケーションの特徴と、今回のトレーニングで学習したことを振り返ります。また、今回のトレーニングで学習したことを、今後の生活にどのように反映させるかについて意識化することができます。

コラム　世界のコミュニケーションゲーム、ドイツゲーム

みなさんは「ドイツゲーム」を知っていますか？

　ドイツゲームとは、「ボードゲーム」にとどまらず、カードゲーム、ダイスゲーム、立体ゲームといった非電子型のテーブルゲーム全般のこと。1990年代中盤から現在までに発売され、世界的な人気を獲得した独特のテーブルゲーム群（俗に言うアナログゲーム）を指す。ドイツ発祥、ドイツで進化したものなのでドイツゲームと呼ばれることが多いが、現在はヨーロッパ諸国、アメリカ、アジア圏のものも多く出ており、それらもドイツゲームの一種として考えられるものも多い。(Wikipediaより抜粋, 2015年4月4日)

　ドイツゲームとは、要するにドイツを中心に進化してきた世界のテーブルゲームのことで、現在は年間700〜800もの新しいドイツゲームのタイトルが発売されています。そしてドイツゲームを制作する「ゲームデザイナー」という職業が存在し、最近では日本人のゲームデザイナーも増え、彼らの作ったゲームが世界で発売されるようにもなっています。

　日本ではボードゲームやカードゲームといえば、人生ゲームやトランプが思い浮かぶかと思いますが、海外では新しいルールのボードゲームやカードゲームが、ここ30年間で進化をし続けています。日本ではこ30年間はデジタルゲームがゲーム業界を席巻してきました。その間に海外ではボードゲームやカードゲームが進化していたのです。日本ではなかなか馴染みが薄くイメージが湧きにくいかもしれませんが、ドイツゲームの新作開発の状況は、映画や漫画の新作が毎年次々に出ている感じといえばわかりやすいのではないでしょうか。

　さて、人狼ゲームも大きく分類すると、ドイツゲームのひとつといえます。人狼ゲームは、ゲームのほとんどがプレイヤーの会話で構築されるという部分が珍しい点ではありますが、ドイツゲームの要素を多く含

んでいます。ドイツゲームの要素で一番特徴的な点は、戦略と運の要素が絶妙なバランスで入っていることといえます。日本で馴染みの深い「人生ゲーム」や「黒ひげ危機一髪」のようなゲームは基本的には運の要素が多くを占めます（ゲームとしては勝ち負けよりもその過程が楽しかったりするのですが）。逆に将棋や囲碁といったゲームは戦略の要素が多くを占めます。戦略の要素が多くを占める将棋や囲碁では、完全な素人がプロの棋士に勝つことはできないでしょう。ドイツゲームは運の要素と戦略の要素が実に良いバランスで入っています。何も戦略を考えなければ勝つことは難しい、しかし、戦略の面だけで熟練者が必ずしも勝つとは限らない。この運と戦略の絶妙なバランスが、世界で愛されているドイツゲームの特徴なのだと思います。

　またドイツゲームにはさまざまなタイプがあります。人狼ゲームのように会話型（会話を中心としたゲーム）、正体隠匿系（自分の正体を他者に知られないようにするゲーム）であったり、ブラフ系（嘘の要素を含むゲーム）・パーティー系（大勢で盛り上がる要素を含むゲーム）・アクション系（身体動作をともなうゲーム）・想像系（イメージすることを必要とするゲーム）・協力系（プレイヤー全員で協力して、全員の勝利を目指すゲーム）・感覚系（触感や聴覚や時間感覚などのさまざまな感覚を用いるゲーム）・パズル系（パズル的な要素を中心としたゲーム）・記憶系（神経衰弱に代表されるように覚える要素が含まれるゲーム）・お絵かき系（絵を描く要素が含まれるゲーム）・競り系（プレイヤー同士で競売する要素が含まれるゲーム）などなど、とにかくバリエーションが豊富です。初心者でもルールを聞けば気軽に楽しめ、またアナログゲームならではの人間同士の駆け引きを楽しむものがほとんどです。多くのデジタルゲームとは違い、人間同士の駆け引きだからこそ、プレイする人によって、また同じ人でもプレイするたびに、展開が変わることが特徴的です。まさに人狼ゲームはそういったドイツゲームの要素を多くもっています。毎回違う展開があるからこそ、考える楽しみがあり、その場限りの人間同士のリアルなコミュニケーションが生まれるのです。

　ドイツゲームは大人も本気で遊べるものですが、子どもと大人でも対

等に遊べます。ドイツゲームの子ども向けゲームというのは、子どもだましなゲームではありません。大人と子どもが本気でプレイして、子どもが勝つことができる、大人が負けてしまうようなゲームのことを指します。どちらかが手を抜いたり、遊んであげているのでは対等とはいえません。そんなゲームはどちらかがいつか面白くなくなってしまいますし、そんな中では本当のコミュニケーションは生まれません。人間同士が本気の思考をぶつかり合わせるからこそ、本当のコミュニケーションが生まれるのです。

　ドイツゲームをすれば、人それぞれの性格が現れ、コミュニケーションが生まれます。初めて会った人でも、一緒にドイツゲームをすれば人となりがなんとなくわかり、仲良くなれます。もちろん勝ち負けはありますが、それ以上に、人には個性があることを理解し、自分の性格はこうなのだ、と再認識できるゲームなのです。ぜひ人狼ゲームも、それ以外のドイツゲームもやってみてください。人と人とのコミュニケーションの楽しさ、大事さを体感できること間違いありません。そして、ドイツゲームを遊び終えた後には、年齢や経験関係なく"楽しかった"と素直な感情が生まれることでしょう。

ディスカッション

心理学のプロ（丹野）と人狼ゲームのプロ（児玉）が、それぞれの体験・視点を交えて人狼ゲームについて対談しました。

人狼ゲームは「嘘をつく」ことが楽しい？

児玉　人狼ゲームにおいて、「嘘をつく」というのはポイントではありますよね。

丹野　その一方で、まだ人狼ゲームに慣れていないときは、積極的に騙しにいくことに抵抗がある人も多いような気がします。

児玉　そうですね。やはり前提として「嘘をつきたくない」という気持ちがあるのですかね。人狼ゲームをやっていて「うまく嘘をつく」という楽しさは絶対にあるとは思うのですが。嘘をつくという行為は、人間にとって負担が大きいのですかね。

丹野　やはり「他人を騙す、バレないように嘘をつく」という行為は、相手に伝えるメッセージを破綻のないように組み立てたり、挙動から怪しまれないようにするために、いろいろな注意をする必要があるので、高度な認知的活動であり、大きな負担になるといえますね（第2章 p.48 参照）。

児玉　嘘にもいろんな種類がありますよね。「騙す嘘」と「隠す嘘」というか。人狼ゲームだと、たとえば積極的に間違った方向に誘導するような「他人を巻き込む嘘」と、たとえば「自分は人狼ではないですよ」と否定するだけのような「自己完結的な嘘」ってありますよね。あんまり意識的に使い分けている人は少ないと思いますけど。

丹野　そうですね。

児玉　人狼ゲームって、真実の方向に進んでいくと人間側が必ず勝つわけじゃないですか。もし間違った方向に全員が向かうと人狼側が勝つ。究極的には、真実の方向にいくか、嘘の方向にいくかで勝敗が決まるゲームだと思っています。一般社会だと嘘をつくということは悪いことですが、人狼ゲームでは人狼側が勝つために、嘘の方向にもっていくという役割を果たそうとしますよね。一般社会ではダメですが、ゲームという舞台で役割を果たすために嘘をつくという点が、人狼ゲームの面白いところのような気がし

ます。

丹野 なるほど。では、人狼ゲームが好きな人って「嘘をつきたい」人たちなのでしょうかね？

児玉 うーん、「嘘をつきたい」という感覚ともちょっと違うような・・・。どちらかというと、自分の言葉で他人を「煽動・誘導したい」という楽しさに近いのかな。たとえば人間側だったら自分の言葉を他人に信じてもらう嬉しさとか。人狼側だったら嘘を言わなければいけないわけですが、どちらの側でも他人に信じてもらってうまく誘導する楽しさがあると思います。会社でプレゼンがうまくいったときの喜びに近いと思いますね。

丹野 自分の言葉が他人に対して影響を与えるというのが楽しいのですかね。

児玉 そうですね。自分の言葉を他人が信じてくれるということが嬉しい。人間側の場合は他人に伝えることが真実で、人狼側の場合はそれが嘘だというだけなのだと思いますね。究極的には一緒で、自己肯定というか、他人が自分のことを認めてくれるという感覚を得たいのかもしれないですね。

丹野 なるほど。嘘をつくということではなく、信じてもらうという感覚が重要。心理学でも承認欲求[i]とか自尊感情[ii]という概念がありますが、自分を認めてもらいたい、自分を肯定的に捉えたいという気持ちはみんなが当たり前にもっていますもんね。

児玉 人狼ゲームの場合だと、多数決の繰り返しで物語が進んでいきます。その繰り返しで、自分のことを認めてもらえるという感覚を得られるというのが大きいと思います。

丹野 多数決だと結果がはっきりするので、自分の説が受け入れられたかどうかのフィードバックがわかりやすい形で得られるのも大きいかもしれませんね。

嘘を見破ることはできるのか

児玉 嘘を見破ることって、実際は難しいですよね。

丹野 難しいですよね。本文にも書

---

[i] **承認欲求** 他者から肯定的な評価を受けたい、あるいは自分の考え方を他者に受け入れてもらいたいという欲求のこと。承認欲求の強さは人によって異なるが、人間はこの欲求を基本的にもっているとされている。

[ii] **自尊感情** 自分自身に対する肯定的感情で、自分自身を基本的に価値あるものと捉える感覚のこと。自己愛（自分を愛すること）と類似しているが、別の概念として捉えることが一般的である。心理学では自尊感情を十分にもつことが適応的な生活を行う上で重要だとされている。

きましたが、嘘を100％見破ることなんてできないですよ。

児玉　そうですよね。たとえば「目が泳ぐ」なんて言われたら、それ以降は注意して直すようにしますし。

丹野　人狼ゲームに慣れてきた人ほど、しぐさから嘘を見破ることはできないと思っている部分はありますよね（コラム「人狼ゲームの経験によって変化する『嘘発見の手がかり』の信念」p.97参照）。

児玉　そうですね。どちらかというと、そういうしぐさの部分は嘘を見破るためというよりは、議論の話題に利用することのほうが多いかもしれないですね。人狼側だったらそれを利用して濡れ衣を着せるということもあります。

丹野　なるほど。

児玉　人狼ゲームに関していうと、どうしてもしぐさだけでは人狼はわからない。やっぱり発言してもらわないとわからない部分ってあるじゃないですか。嘘をつくことは負担が大きいので、人狼側はいっぱいしゃべりたくないというか、ボロが出てしまう可能性がある。面白いことに、人狼ゲームは全員がずっとしゃべらないままだと人狼が勝ってしまうと思うのですよ。人狼ゲームは人狼にしゃべらせないと成立しないゲームといえますよね。

丹野　そうですね。しぐさからだけだとわからない、発言について考えないと人狼はみつからない。

児玉　さらに、発言するとそれによっていろいろなしぐさが出てきて、またボロが出てきたりしますよね。ついしゃべりすぎてしまったりとか。

丹野　コミュニケーションは、言語的コミュニケーションと非言語的コミュニケーションの2つに分けられます。言語的コミュニケーションが増えると、非言語的コミュニケーションも増えるということですね（第2章p.37参照）。

児玉　そうだと思います。ずっと黙っていたら、怪しいしぐさも絶対に出てこない。

丹野　メッセージの情報量は、言語的なメッセージよりも非言語的なメッセージのほうが多いと言われていますが、非言語的メッセージを顕著にするためには発言させなければいけないというのは面白いですね。

児玉　嘘のうまい人って、何が違うのでしょうね。たとえば詐欺師の人とかが人狼ゲームをやったらどうなるのか。もしくは刑事みたいに嘘を見破るのがうまいとされている人だとどうなるのかなあ。

丹野　詐欺師に関しては、他人を信じさせるだけの何かをもっているはずですよね。

児玉　何か社会的スキルというか、

そういったものがあるのでしょうね。その逆に刑事さんとかも、たとえばしぐさから嘘を見破ったりするコツのようなものをもっているのかもしれませんよね。

丹野 元刑事が書いた嘘を見破るテクニックの本などが出版されているのを見たことがあります。本文でも触れましたが、警察などでは被疑者に対してどう尋問するかといったノウハウもあるようですね（第2章 p.50参照）。

児玉 「どう質問するか」は重要ですよね。人狼ゲームでも「人狼ですか？」なんて聞いても「いいえ」としか答えない。聞き方は大事。

丹野 どのように聞いて、そこからどのような情報を引き出すか、いろいろとテクニックはあるでしょうね。

児玉 一概には言えないですが、人狼ゲームを通じて嘘を見抜くテクニックみたいなものが身についていくことはありますよね。もちろん100％は無理だけど。

丹野 「この人は鋭いな」って人もいますよね。

児玉 いますね。

丹野 やっぱり嘘を見破るのがうまい人と下手な人はいる。人狼ゲームをやっていると、そういった「嘘の見破り方」はトレーニングや経験である程度は身につく感覚はありますね。

児玉 そうですね、人狼ゲームに関していえば絶対にうまくなると思いますよ。そうでなければつまらない。「運だけのゲーム」になってしまう。「運だけのゲーム」だったら何百回もプレイされませんよね。何度も遊んでいると、自分がうまくなっている実感をわかりやすく得られていると思います。

丹野 実感を得られるという部分が大きいかもしれませんね。心理学では自己効力感 [iii] という概念があります。自分の行ったことが何らかの効力を発揮したと感じられないと、何もしようとは思いません。たとえば陸上選手が、あるトレーニングを続けていて、短距離走のタイムが良くなっていたら、そのトレーニングは効果があると感じて続けるでしょう。しかしいくらトレーニングを続けても、タイムがまったく良くならなければ、そのトレーニングを続けようという気は薄れますよね。自分がうまくなっている実感を得られることが、人狼ゲームでは大きな魅力の要素かもしれません。

[iii] **自己効力感**　自分が行為の主体であり、自身の行為が外界と対応しているという確信のこと。自分の行為によって、他者や外界に影響が生じ、良い結果をもたらしたりしているという「手応え」のような感覚が得られると、その行為に対するモチベーションも上昇する。

児玉　そうですね。人狼ゲームだと短距離走のタイムほど明確な結果を得られるわけではないですが、それでもうまくなっている実感は得られますね。それは「嘘がうまくなっている」ということではなく、「相手に信じてもらえる」であったり「自分の判断が正しかった」といったことに関する実感のほうが大きいと思います。

丹野　また一般社会だと、「相手に信じてもらえる技術が身についた」「相手の言っていることをしっかりと判断できるようになった」という実感って、それほど頻繁に得られるものではないと思います。人狼ゲームではそのような実感を得られるという部分に特殊性があるように感じますね。

児玉　また、人狼ゲームだと相手にうまく騙されたとしても、それが気持ち良いというか、「あっぱれ」と思うことってあるじゃないですか。あれも特殊で、誰かに騙されても「相手の信じさせる技術」みたいなものをすごいと思いますよね。自分もあんなように他人を信じさせてみたい、という思いに繋がる。

丹野　そうですね。「騙される快感」というのも特殊ですよね。

児玉　そうそう「騙される快感」。一般社会で他人に騙されると、たとえば金品を損したり、傷ついたり、リスクが発生してしまう。でも人狼ゲームでは、騙されたことが気持ち良い。「騙される快感」というのは、人狼ゲームをやっているとしっくりいくのだけど、あまり一般社会にはない。人狼ゲームにはそういった特有の魅力がありますね。

人狼ゲームに「必要なこと」と「学習できること」

児玉　嘘って、考えれば考えるほど難しい言葉ですね。人狼ゲームにおいては「裏をかく」ということがよくあるじゃないですか。「裏をかく」と「嘘をつく」とは違うような感じがしますね。たとえば「人狼だったらこういうことはしない」とみんなに思わせることができると、みんなの裏をかくことができるけど、それは嘘とはちょっと違うような。その場の空気を読んで、みんなの考えていることの逆をつくということが大事になることは多いですよね。

丹野　自分のことを信じてもらったり、みんなを誘導・煽動するということが重要という話が先ほども出ましたが、それをするために「場の空気を読める」ことが人狼ゲームにおいて大切なキーワードなのですかね。

児玉　そうですね。人狼ゲームって二人だけでするゲームじゃなくて、10人以上で行うゲームじゃないですか。多数決でゲームは進んでいきますよね。

多数決は必ずしも「正しいことを言っている」人が勝つとは限らない。正しい提案をしていても、周りの人がその案を良いものとみなさなければ受け入れられない。

たとえば人狼ゲームで、初心者の中に経験者が一人参加していて、その人が理論を振りかざして、とても正しいことを言っていたとします。でもその理論に初心者の方々はついていけず、いざ処刑投票になったら「すごいパワーでしゃべり続けていたあの人が、もしも人狼だったら怖い」と思われて、その経験者の人に票が集まってしまうということって、本当によくありますよね。

丹野　あー、よくありますね。

児玉　「正しいこと」と「勝つこと」は全然違いますからね。たとえ経験者の人が人狼の正体を当てていて「それに気づかないお前らは馬鹿だ」なんて言ったところで勝てません。いくら正しいことであっても、高圧的に他の人にぶつけてしまうことで、逆に怖がられてしまって、村にマイナスになってしまうなんてことはありますね。

丹野　どう説得するか、どう信じてもらうかを考える上で、場の空気をうまく読んで伝えることは重要ですよね。人狼ゲームを遊びながら、そういった「場の空気を読む」ことがだんだんうまくなっていくこともあると思います。

児玉　そういうこともあると思います。そして場の空気を読めるようになると、より人狼ゲームが楽しくなると思いますね。「この人にはこういう言い方をしよう」とか、説得や誘導・煽動がすごくうまくなる。これってリーダーシップとか、一般社会においても重要なことにも繋がりますよね。

丹野　そうですね。どうすれば他人にうまく伝えることができるか、説得力をもたせるか。リーダーシップという観点でもそうですが、ふだんの生活のさまざまな場面において重要な要素ですよね。人狼ゲームを通じてそういった力がつくことは十分にある。

児玉　どういうふうに言えば相手に伝わるのか、ということは学習できますよね。「嘘」に関する話からは離れていますが。人狼ゲームは確かに「嘘」という要素が切り離せませんが、どちらかというと本質は「どうすれば信じてもらえるか」という部分だと思いますね。

たとえば人狼ゲームでよくあるシーンで、占い師を名乗る人が二人出てくる場合があります。このとき、片方は絶対に偽物で嘘を言わなければいけないじゃないですか。そういうときに、たとえば偽物の言葉を聞いていると熱意が感じられなくて、みんながその偽物を信じないってことがあったりする。もちろん逆に偽物が信じられて、本物

が信じられない場合もある。ということは、信じられる・信じられない理由が何かあるのですよね。

丹野 本物なのに信じられないと悔しいですが、偽物であっても信じてもらえる可能性があるという点が人狼ゲームの面白いところですね。

ゲームであることが良い練習になる

丹野 人狼ゲームにおいては、場の様子を見て、自分を客観視して、その場の自分をどう位置づけるかというのは重要ですよね。

児玉 そうですね。このメンバーだと、こういう振る舞いをしたほうが信じられるかな、とか。このメンバーだと、自分はこういったキャラクターでいるべきだろう、とか。その振る舞いやキャラクターがふだんの自分自身の雰囲気とは違うこともありますが、そういった部分を自分で決められるということも、人狼ゲーム全体の楽しさだと思うのですよね。

丹野 場の様子を見て、その場にあった振る舞いをしたり、役割を考えるということは、社会生活でも重要ですよね。

児玉 われわれはいろいろなコミュニティに所属していますよね。たとえば会社だったり、家族・友人関係とか。それぞれのコミュニティにおいて自分が見せる面って全然違いますよね。それは別に嘘をついているわけではなく、その場ではこういう立ち位置のほうが良い、と判断して振る舞っていますよね。たとえば会社場面だとリーダーシップを発揮しなければいけない立場だけど、友達や恋人の前だと別にリーダーシップなんて発揮しなくても良い立場になったりとか。

丹野 場面ごとに役割を使い分けることは、われわれふつうに行っていることですよね。

児玉 人狼ゲームだと、所詮はゲームだから、いろいろと試せるところが良いと思いますね。「今回はこんな立ち位置でやってみよう」とか、「今回のキャラクターだと思ったよりみんなにウケたぞ」とか、「こういうしゃべり方だとあんまり信頼されなかったぞ」とか。トライアル＆エラーができますよね。

丹野 同じことを言っていても今回は信用を得られたぞとか、周りの反応を経験してから学習できる部分は多様にありますね。

児玉 人狼ゲームではちょっといつもの自分とは違うことをやってみて、その反応を試せることはありますよね。世の中だと、いつもの自分と違う面を出してみて試せるという機会はそんなにないんじゃないかなあ。たとえば会社のプレゼンで、ふだんのキャラク

ターと違うしゃべり方を試してみるとか、リスクが大きいですし。彼女の前でふだんの自分とは違う雰囲気を出してみたら嫌われてしまったとか。そうなったらトライアル＆エラーで済まない。ふだんの生活で試せる機会は意外と少ないのかも。

丹野　そうですね。ゲームごとにリセットされるという前提がある。そして自分以外のみんなも同じように、ふだんの自分とは違う振る舞い方をトライアル＆エラーできるという前提がある。だから試しやすい。良い学習の場であると思います。

児玉　ゲームという娯楽の場であるから、やりやすいという部分もあるのかも。現実世界では起こりえないようなことが、娯楽という枠だから起きる。架空の場面だからいろいろと起こりうる。人狼ゲームには「嘘」という、一般社会だとダメな部分も含まれてはいますが、娯楽の架空場面だからいろいろとできて、そこから学習できる。

丹野　昔はゲームの効用といえば、「遊んで楽しい」という娯楽的な側面ばかりが注目されてきましたが、近年はそれ以外の効用についても着目されていますよね。たとえばゲーミフィケーション[iv]という概念が数年前からブームになりつつありますが、ゲームの良い部分を日常生活に活用しようという動きもあります。また、教育場面においても、ゲームを通じてさまざまな事柄を学習するという活動も増えていますね。ゲームはただ楽しいというだけのものじゃないというのが常識になりつつあります。

児玉　人狼ゲームにおいてもその部分は強いと思います。人狼ゲームって、今は主に大人が遊ぶゲームというイメージがありまして。大人のほうが子どもよりも、自分自身のことを振り返るのは面白いと思います。自分というものがほぼできあがっている状態で、自分を客観視してみたり、自分のイメージを打ち破ってみる楽しさがあったりする。子どもはまだ自分が形成される途中ですが、大人になるとある程度自分のことがわかっている状態で、それをすることは楽しいと思いますね。

また、何回やっても答えは出ませんし、相手によって違うという側面もある。ある意味で人狼ゲームにおいては社会の縮図的な側面が存在するから、何度も遊んでしまうのかなあ、と感じますね。

[iv] ゲーミフィケーション　ゲームの技法やメカニズムを社会的に活用する活動全般のこと。狭義の定義では、ゲームの「楽しませる技法やメカニズム」を用いることで、ユーザーのモチベーションや肯定的評価を高める取り組みを指す。

人狼ゲームで仲良くなる

丹野　人狼ゲームって、とても深いコミュニケーションだと思うのですよ。先ほど話題に出ましたが、嘘ってすごく負担になりますよね。自分でよく考えて、本当のことを言うよりも頭を使って、相手に伝えているから。すごく負荷というか、重みのある情報だと思うのですよね。

児玉　とてもいろいろな要素の詰まった情報のやりとりだと思いますね。よく人狼ゲームは簡単に「コミュニケーションゲーム」と呼ばれますが、実際はすごく深い意味で、とても多様なコミュニケーションをその場でとっていますよね。遊べば遊ぶほど、その深さがわかってくる。

丹野　さらに、相手の言っていることを信じるべきかどうか、深く考えて、その判断や推理をみんなに披露する。人狼ゲームだと、自分が深く考えた物事を、場合によっては初対面の人に対しても提示したりする。これってとても特殊な場だと思います。

児玉　そうですね。実生活だとあまりないのかも。いわゆるデジタルゲームだと、こういうやりとりはあまりないと思う。会話だけで成り立つゲームなので、すごくアナログ。人狼ゲームは、言葉さえ使えれば大昔の人でもできてしまう。

丹野　現代だからこそ、より濃厚なコミュニケーションをとる人狼ゲームがブームになっているのかも。

児玉　今は携帯電話やメールやらでコミュニケーションが簡単にとれる時代だからこそ、また直接会って深いコミュニケーションをとりたいのかもしれませんね。

丹野　そうかもしれませんね。

児玉　人狼ゲームだと、たとえば億万長者の社長さんと平社員とが初対面でも平等にコミュニケーションをとれたりします。それもある意味で非日常的な側面かもしれません。

丹野　心理学で自己開示という概念があります。自己開示とは、自分自身のことを深く相手に伝えることを指します。対人関係が深まるためにもっとも重要な行為は、この自己開示であるという考え方がありますね。自分の情報や考えを相手に伝え、相手も自身の情報や考えを伝えてくれないと仲良くなれない。でも、仲良くなっていない状態だと、自分の情報や考えを相手に伝えるのは怖いですよね。

児玉　仲良くなっていないと、相手が信頼できないからですね。

丹野　そうです。ところが人狼ゲームは、自分が深く考えた事柄を相手に伝える。場合によっては初対面の人を相手にしても、そのような深いコミュ

ニケーションをとっているように感じます。これもひとつ特殊というか、ある意味で非日常的な部分かもしれませんね。

児玉　そうそう、初めての相手にもいろいろと話せてしまう。しゃべらないと何も始まらない。

丹野　たぶんそういう深いコミュニケーションを通じて、お互いの人となりがわかるから、人狼ゲームを通じて仲良くなる人が多いように感じますね。

児玉　そうですね、すごく仲良くなる。やっていることは「殺し合い」のはずなのに（笑）

丹野　ですよね（笑）

児玉　初対面の人たちで人狼ゲームをするとき、最初はそれぞれの肩書などは知らなくても自然にコミュニケーションがとれる。その後にお互いの肩書を知って、びっくりしている様子を見ることもありますね。そちらのほうが本当は自然のような感じもしますね。

丹野　そうですよね。肩書を知ったらコミュニケーションにどこか制限が起きてしまう。そういう背景を知らずにコミュニケーションをとることで、よりその人の人となりもわかりやすいかもしれないですね。

おわりに

　2015 年現在、人狼ゲームがブームとなっています。正直な感想を述べますと、このブームの様子には大変驚いています。

　私が人狼ゲームと最初に出会ったのは、大学院生であった 2008 年頃でした。対人関係論が専門だった私は、交友関係に関する博士論文の構想と執筆に追われていました。そのときにインターネットの BBS 型人狼ゲームを知り、「論文執筆の息抜き」として参加してみたのが、私にとって初めての人狼ゲームでした。それはとても刺激的で、すっかりとその世界観とゲーム性に熱狂してしまいましたが、BBS 型の人狼ゲームは時間的負担（一週間ぐらい毎晩同じ時間にログインしなければいけない）と認知的負担（ログインしていないときも人狼のことを考えてしまう）が大きく、「これ以上のめりこむと、息抜きどころか人生が本当にヤバい」と感じて、そのときはすぐに人狼ゲームから離れることとしました。その当時はまだ人狼ゲームのブームが訪れておらず、現在のように対面で人狼ゲームを行う機会なども限られていました。

　「人狼断ち」の成果もあり、無事に大学院を修了し、それから数年が経過した 2012 年のことでした。私は「大人狼村」という大規模人狼ゲームイベントを知り、参加することにしました。それが私にとって、対面で行う人狼ゲームとの出会いとなりました。そして、「大人狼村」を主催していたのが、この本の共著者の児玉健さんでした。この「大人狼村」がきっかけで、すっかり人狼ゲームにはまってしまった私は、児玉さんがゲームマスターを務めるドイツゲームスペース @Shibuya に通うようになり、月に数度のペースで人狼ゲームを遊ぶようになりました。それ以降、人狼ゲームの場で出会った方々の中には、今でも親交が続いている人が多くいます。人狼ゲームを通じてコミュニケーションをとり、コミュニケーションによって交友が広がったのです。

　そして、人狼ゲームに熱中していた 2013 年の夏のある日、「人狼ゲームにおけるコミュニケーションを、自分の研究領域（対人関係論）で扱うこ

とができないだろうか」と思いつき、この本の企画を立案しました。自分の視点からだけではなく、人狼ゲームのプロの視点も聞きたいと思い、児玉さんにも企画をもちかけたところ、ご快諾を得ることができました。その節は児玉さんに急な依頼にもかかわらずお話を聞いていただいたことを、本当に感謝しています。それから1年以上を費やし、ようやく本書が出版されることとなりました。出版までに時間がかかった理由の大半は、私の遅筆と粗い計画性によるものです。この執筆中には、本当に多くの皆様にお力をお貸しいただきました。

飛び込みで企画を持ち込んだにもかかわらず出版をご快諾いただき、執筆に関してさまざまなアドバイスをくださった新曜社の塩浦暲さんにはあらためて感謝を申し上げます。寛大にも本書内での「役名」の使用のご許可や、調査等へのご協力をくださった人狼ザ・ライブプレイングシアター（人狼TLPT）関係者の皆様、特にプロデューサーの桜庭未那さんには深く御礼を申し上げます。テストプレイに協力してくださった井出遥さん・林大樹さん・相澤しおりさん・大森有紗さん、学生の人狼ゲーム事情についてご示唆をくださった東京大学人狼研究会のみなさん、人狼ゲームに関していろいろなアドバイスをくださったドイツゲームスペース@Shibuyaのゲームマスターのみなさん、そして、よく私と一緒に人狼ゲームで遊んでくれる人狼仲間のみなさんには、ふだんからのご厚情に感謝いたします。

最後に、第一子の出産前後にもかかわらず、重大なアドバイスをくれたり、校正を手伝ってくれたり、私が人狼ゲームを遊びに行くのを半ば諦めて黙認してくれたりと、さまざまな点から支えてくれた妻・美代子に感謝の意を示します。

  2015年　初夏

丹野宏昭

人狼ゲーム、私が初めてこのゲームをしたのが、前職を辞めてドイツゲームを遊び、勉強していたときなので、もう5年くらいが経ちました。今やその人狼ゲームが今の生活の、仕事の、遊びの結構な部分を占めてきています。人狼ゲームの研究というよりは人狼ゲームを何度も遊び、そこで培った経験をもとに、いろんな分野での最適な活用をしているという感覚です。

　丹野さんからはじめに「心理学×人狼ゲーム」という企画を聞いたときには、正直乗り気ではありませんでした。「人狼ゲーム」＝「心理学」。「心理学に詳しい」＝「人狼ゲームに強い」みたいな安易な解釈は世の中に与えたくなかったからです。人狼ゲームには「心理」「直感」「合理性」「理論性」「コミュニケーション」「嘘」「発言力」「空気の読み方」などなど、構成する要素をあげればキリがありません。それがその場で各人のもつ上記の要素が交錯し、そこから、たった一度のゲームの展開、結末に至るからこそ、何百回、何千回とやっている私も飽きることがない、深いゲームなのです。しかし、丹野さんはこのことを理解した上で、一緒に本を作ろうと声をかけてくれました。そして何度も話をした上で方向性を一致させ執筆に至ったことが、この本を一緒に作ることのできた最大のポイントだと思っています。それは丹野さんが昔から、私の経営するゲームスペースのお客様であり、私の人狼ゲームのやり方、スタンスをわかっていて、それが好きでいてくれたからだと思っています。今更ながらお客様と一緒に本を出版するって面白いですね。（笑）

　また、この本を書いている間にも、いろいろな人狼ゲームへの発見や、再確認すること、新しい活用の方法などが出てきて、人狼ゲームの奥深さを感じています。それなりの時間を費やし、時間がかかってしまったことにも意味があると思っていますし、これからも新しい発見があると思っています。この本を読んで、人狼ゲームの新しい側面や、新しい発見が皆様にあり、これからも人狼ゲームを通して、いろんな人たちとの出会いがあることを心から願っています。

　遊びを通しての出会いは"人生を変える出会い"だったり、"人生を通して楽しめる仲間との出会い"になると私は強く思っています。それは誰

よりも私が遊びを通して出会った人に人生を最高に楽しく変えてもらったからであり、私の人生をかけて、一人でも多くの人の人生を楽しく変えたいと思っているからです。

　この文章を読んでいるみなさんと、いつか一緒に人狼ゲームをすることを楽しみにしています。

　　2015年　初夏

　　　　　　　　　　　　　　　　　　　　　　　　　児玉　健

日付： 月　日 ／　　　回目

◆人狼ゲーム　記録用紙

	参加者名	役職	犠牲
1			
2			
3			
4			
5			
6			
7			
8			
9			
10			

	犠牲者		生存者数		
	処刑	襲撃	村人	人狼	計
開始時					
1日目					
2日目					
3日目					
4日目					

日付: 10月 14日 /　1回目

◆人狼ゲーム　記録用紙(記入例)

	参加者名	役職	犠牲
1	マドック		×
2	パンジー	ボディーガード	×
3	デイジー		×
4	ダンカン		×
5	エスター		
6	クリス		×
7	キャシー		×
8	ハイラム	人狼	×
9	ドリス		×
10	メイソン	人狼	

	犠牲者		生存者数		
	処刑	襲撃	村人	人狼	計
開始時			8	2	10
1日目	ハイラム	デイジー	7	1	8
2日目	クリス	パンジー	5	1	6
3日目	キャシー	ダンカン	3	1	4
4日目	ドリス	マドック	1	1	2

日付： 　月　　日　/　　　回目　　　　　　名前（　　　　　　　　　）

◆コミュニケーション　振り返りシート

先ほどのゲーム中のあなたの発言や行動についてふりかえっていただきます。
ゲームの展開や勝ち負けではなく、あなた自身のコミュニケーションのあり方について考えてください。

(1) 先ほどのあなたの発言や行動をふりかえってください。
　　以下のことがらについて、あなたはどの程度できたと思いますか？
　　それぞれ 1〜 5のうち、もっともあてはまるもの1つに○をつけてください。

			全くできなかった	あまりできなかった	どちらともいえない	よくできた	とてもよくできた
主体的な主張	1	議論中に自分の言いたいことをしっかりと言えましたか？	1	2	3	4	5
	2	議論の主導権をとって発言することができましたか？	1	2	3	4	5
	3	自分の意見・行動を、自分の意志でしっかりと決めることができましたか？	1	2	3	4	5
配慮・制御	4	議論中に感情的にならずに、冷静に対応することができましたか？	1	2	3	4	5
	5	相手を傷つけるような発言・行動がないように、十分な配慮ができましたか？	1	2	3	4	5
	6	相手の立場や意見も十分に尊重するようにふるまうことができましたか？	1	2	3	4	5
伝える技術	7	自分の発言の趣旨・結論が、しっかりと他者に理解してもらえるように伝えることができましたか？	1	2	3	4	5
	8	発言するときに、表情や身ぶり・手ぶりなどを適切に活用することができましたか？	1	2	3	4	5
	9	冗長にならないように、意見をわかりやすくまとめて伝えることができましたか？	1	2	3	4	5
聴く技術	10	他者の発言・意見を引きだすような工夫・働きかけを適切に行うことができましたか？	1	2	3	4	5
	11	他者の発言をさえぎったり、急に話題を変えるなどしないように、配慮することができましたか？	1	2	3	4	5
	12	話をしっかり聞いていることが発言者に伝わるような態度をとっていましたか？	1	2	3	4	5

(2) 先ほどのあなたの発言や行動をふりかえってください。
　　自分の発言や行動で、あなたがもっとも良かったと思う点はどのようなところですか？
　　以下の欄にご自由にお書きください。

→ 裏へつづきます

(3) 先ほどのあなたの発言や行動をふりかえってください。
　　自分の発言や行動で、あなたがもっとも反省している点はどのようなところですか？
　　以下の欄にご自由にお書きください。

(4) 先ほどの他の参加者の発言や行動をふりかえってください。
　　以下のことがらについて、もっともよくできていた参加者はどなたですか？
　　それぞれあてはまると思う人の名前を書いてください。

もっとも自分の意見を素直に発表していた人は…	
もっとも議論の主導権をとっていた人は…	
もっとも他の人に配慮しながら発言していた人は…	
もっともわかりやすく意見を発表していた人は…	
もっとも他の人の意見をよく聞き出していた人は…	

(5) 先ほどよりも上手にコミュニケーションがとれるように、次のあなたの目標を立ててください。
　　具体的にどのような点に注意するかなどを考えて、以下の欄にご自由にお書きください。

(6) 先ほどのゲームについて、感想や意見があれば、以下の欄にご自由にお書きください。

日付： 　月　　日　　　　　　　　　　　　名前(　　　　　　　　　)

◆まとめシート

(1) 今日のゲーム体験における<u>あなたの</u><u>コミュニケーション</u>(<u>発言や行動</u>)をふりかえってください。
　　あなたのコミュニケーション(発言や行動)には<u>どのような特徴(良いところ・悪いところ)</u>があると思いますか？
　　以下の欄にご自由にお書きください。

```
┌─────────────────────────────────────────────────┐
│                                                 │
│                                                 │
│                                                 │
│                                                 │
└─────────────────────────────────────────────────┘
```

(2) 今日のゲーム体験から、<u>より良いコミュニケーションの方法</u>について、どのようなことを学習しましたか？
　　以下の欄にご自由にお書きください。

```
┌─────────────────────────────────────────────────┐
│                                                 │
│                                                 │
│                                                 │
│                                                 │
└─────────────────────────────────────────────────┘
```

(3) 今日のゲーム体験から学習したことを、<u>今後の生活で活用するとしたら</u>、<u>どのように活用できると思いますか</u>？
　　具体的な場面を考えながら、以下の欄にご自由にお書きください。

```
┌─────────────────────────────────────────────────┐
│                                                 │
│                                                 │
│                                                 │
│                                                 │
└─────────────────────────────────────────────────┘
```

(4) 今日のゲーム体験で感じたことや、感想・意見などがありましたら、以下の欄にご自由にお書きください。

```
┌─────────────────────────────────────────────────┐
│                                                 │
│                                                 │
│                                                 │
│                                                 │
│                                                 │
│                                                 │
│                                                 │
└─────────────────────────────────────────────────┘
```

引用・参考文献

1章　コラム　民間伝承における人狼
伊東一郎 (1982).「スラヴ人における人狼信仰」『国立民族学博物館研究報告』6, 767-796.
篠田知和基 (1988).「フランスにおける人狼伝承についての考察」『名古屋大学文学部研究論集』100, 85-104.
篠田知和基 (1988).「人狼伝承の起源を求めて」『名古屋大学文学部研究論集』103, 321-338.
篠田知和基 (1994).『人狼変身譚 ── 西欧の民話と文学から』大修館書店.
Sabine, B. G. (1865). *The Book of Werewolves: Being an account of a terrible superstition*. London: Smith, Elder and Co.（セイバイン, B. G.／ウェルズ恵子・清水千香子（訳）(2009).『人狼伝説 ── 変身と人食いの迷信について』人文書院.）

第2章　人狼ゲームと嘘
Akehurst, L., Bull, R., Vrij, A., & Köhnken, G. (2004). The effects on training professional groups and lay persons to use Criteria-Based Content Analysis to detect deception. *Applied Cognitive Psychology, 18*, 877-891.
American Psychiatric Association (2013). *Diagnostic and Statistical Manual of Mental Disorders Fifth Edition: Dsm-5.*
Anderson, N. H. (1968). Likableness rating 555 personality-trait words. *Journal of Personality and Social Psychology, 9*, 272-279.
青木郁悦 (1971).「性格表現用語の心理事典的研究 ── 455語の選択, 分類, および望ましさの評定」『心理学研究』42, 1-13.
大坊郁夫・瀧本　誓 (1992).「対人コミュニケーションに見られる欺瞞の特徴」『実験社会心理学研究』32, 1-14.
DePaulo, B. M., & Bell, K. L. (1996). Truth and investment: Lies are told to those who care. *Journal of Personality and Social Psychology, 71*, 703-716.
DePaulo, B. M., Lindsay, J. J., Malone, B. E., Muhlenbruck, L., Charlton, K., & Cooper, H. (2003). Cues to deception. *Psychological Bulletin, 129*, 74-118.
DePaulo, B. M., Stone, J. I., & Lassiter, G. D. (1985). Telling ingratiating lies: Effects of target attractiveness on verval and nonverval deceptive success. *Journal of Personality and Social Psychology, 48*, 1191-1203.
Ekman, P., & Friesen W. V. (1969). Nonverval leakage and clues to deception. *Psychiatry, 32*, 88-106.
Ekman, P., O'Sullivan, M., & Frank, M.G. (1999). A few can catch a liar. *Psychological Science, 10*, 263-266.
Garrido, E., Masip, J., & Herrero, C. (2004). Police officers' credibility judgements: Accuracy and

estimated ability. *International Journal of Psychology, 39*, 254-275.

箱田裕司 (2006).「序章　なぜ今、「嘘とだまし」なのか」箱田裕司・仁平義明（編）『嘘とだましの心理学 ── 戦略的なだましからあたたかい嘘まで』(1-15), 有斐閣.

平　伸二 (2005).「虚偽検出に対する心理学の貢献と課題」『心理学評論』*48*, 384-399.

Levine, T. R., Serota, K. B., & Shulmanm, H. C. (2010). The impact of lie to me on viewers' actual ability to detect deception. *Communication Research, 37*, 377-403.

Mehrabian, A., & Wiener, M. (1967). Inference of attitudes from nonverbal communication in two channels. *Journal of Counseling Psychology, 31*, 248-252.

Miller, G. R., & Stiff, J. B. (1993). *Deceptive Communication*. Newbury Park, CA: Sage.

村井潤一郎 (2000).「青年の日常生活における欺瞞」『性格心理学研究』*9*, 56-57.

村井潤一郎 (2005).『発言内容の欺瞞性認知を規定する諸要因』北大路書房.

日本学術会議 心理学・教育学委員会 法と心理学分科会 (2011).「提言 科学的根拠にもとづく事情聴取・取調べの高度化」

新村　出（編）(2008).『広辞苑』第六版. 岩波書店.

Rotenberg, K. J., Simourd, L., & Moore, D., (1989). Children's use of a verval-nonverval consistency principle to infer truth and lyinng. *Child Development, 60*, 209-322.

齊藤　勇 (1985).『好きと嫌いの人間関係 ── 対人感情の心理学入門』エイデル研究所.

Vrij, A., Ennis, E., Farman, S., & Mann, S. (2010). People's perceptions of their truthful and deceptive interactions in daily life. *Open Access Journal of Forensic Psychology, 2*, 6-49.

和田　実 (1993).「欺瞞者との関係が欺瞞と関連する行動についての信念に及ぼす影響」『東京学芸大学紀要第Ⅰ部門（教育科学）』*44*, 239-245.

和田　実 (1995).「欺瞞者の非言語的行動」『東京学芸大学紀要第Ⅰ部門（教育科学）』*46*, 119-126.

Zuckerman, M., DePaulo, B. M., & Rosenthal, R. (1981). Verval and nonverbal communication of deception. In L. Berkowitz (Ed.), *Advances in Experimental Social Psychology*, Vol.14. (1-59), New York: Academic Press.

第3章　人狼ゲームと議論・説得

Anderson, N. H. (1968). Likableness rating 555 personality-trait words. *Journal of Personality and Social Psychology, 9*, 272-279.

青木考悦 (1971).「性格表現用語の心理事典的研究 ── 455語の選択, 分類, および望ましさの評定」『心理学研究』*42*, 1-13.

Asch, S. E. (1951). Effects of group pressure on the modification and distortion of judgments. In H. Guetzkow (Ed.), *Groups, Leadership and Men* (pp.177-190), Pittsburgh, PA:Carnegie Press.

Benett, J. B. (1988). Power and influence as distinct personality traits: Development and validation of a psychometric measure. *Journal of Research in Personality, 22*, 361-394.

Brehm, S. S., & Brehm, J. W. (1981). *Psychological Reactance: A theory of freedom and control*. New York:

Academic Press.

Brock, T. C., & Becker, L. A. (1965). In effectiveness of overheard counterpropaganda. *Journal of Personality and Social Psychology, 25*, 654-660.

Chaiken, S. (1980). Heuristics versus systematic information processing in the use of source versus message cues in persuasion. *Journal of Personality and Social Psychology, 39*, 752-766.

Chartrand. T., Pinckert, S., & Burger, J. M. (1999). When manipulation backfires: The effects of time delay and requester on the foot-in-the-door technique. *Journal of Applied Social Psychology, 29*, 211-221.

千葉良雄 (1986).「説得的コミュニケーションによる態度変容の研究 ── 態度変容へのコミュニケーションの威信の影響」『山形大学紀要, 教育科学』*9*, 1-29.

Cialdini, R. B., Vincent, J. E. Lewis, S. K., Catalan, J., Wheeler, D., & Darby, B.L. (1975). Reciprocal concession procedure for inducing compliance: The door-in-the-face technique. *Journal of Personality and Social Psychology, 31*, 206-215.

Clark, R. D., (1990). Minority influence: The role of argument refutation of the majority position and social support for the minority. *European Journal of Social Psychology, 20*, 489-497.

Dion, K. K., & Stein, S. (1978). Physical attractiveness and interpersonal influence. *Journal of Experimental Social Psychology, 14*, 97-108.

Eagly, A. H., & Warren. R. (1976). Intelligence, comprehension, and opinion change. *Journal of Personality, 44*, 226-242.

Festinger, L. (1957). *A Theory of Cognitive Dissonance*. Evanton, IL: Row, Peterson and Company.（フェスティンガー, L.／末永俊郎（監訳）(1965).『認知的不協和の理論』誠信書房.）

Freedman, J. L., & Fraser, S. C. (1966). Compliance without pressure: The foot-in-the-door technique. *Journal of Personality and Social Psychology, 4*, 195-202.

深田博己 (1973).「恐怖喚起の程度 ── 受け手の性, および不安傾向が態度変容に及ぼす効果」『社会心理学研究』*13*, 40-54.

具志堅伸隆・唐沢かおり (2007).「情動的メッセージと反すう思考による説得効果」『実験社会心理学研究』*46*, 40-52.

Horai, J., Naccari, N., & Fatoullah, E. (1974). The effects of expertise and physical attractiveness upon opinion agreement and liking. *Sociometry, 37*, 601-607.

Hovland, C. I., Janis, I. L., & Kelley, H. H. (1953). *Communication and Persuasion*. Yale Univ. Press.（ホヴランド, C. I.・ジャニス, I. L.・ケリー, H. H.／辻正三・今井省吾（訳）(1960).『コミュニケーションと説得』誠信書房.）

Hovland, C. I., & Weiss, W. (1951). The influence of source credibility on communication effectiveness. *Public Opinion Quarterly, 15*, 635-650.

今井芳昭 (2006).『依頼と説得の心理学 ── 人は他者にどう影響を与えるか』セレクション社会心理学10, サイエンス社.

Jackson, S., & Allen, M. (1987). Meta-analysis of the effectiveness of one-sided and two-sided argumentation. Paper presented of the annual meeting of the International Communication Association,

Montreal.

Janis, I. L. (1971). Groupthink. *Psychology Today, 5*, 43-46, 74-76.

神山貴弥・藤原武弘・石井眞治 (1990).「態度変容と印象形成に及ぼす座席配置の効果」『社会心理学研究』5, 129-136.

Kelman, H. C. (1961). Processes of opinion change. *Public Opinion Quarterly, 25*, 57-78.

Kelman, H. C., & Hovland, C. I. (1953). "Reinstatement" of the communicator in delayed measurement of opinion change. *Journal of Abnormal and Social Psychology, 48*, 327-335.

木下稔子 (1964).「集団の凝集性と課題の重要性の同調行動に及ぼす効果」『心理学研究』35, 181-193.

Maass, A., & Clark, R. D. (1984). Hidden impact of minorities: Fifteen years of minority influence research. *Psychological Bulletin, 95*, 428-450.

Maddux, J. E., & Rogers, R. W. (1983). Protection motivation and self-efficacy: A revised theory of fear appeals and attitude change. *Journal of Experimental Social Psychology, 19*, 469-479.

McGuire, W. J. (1967). Personality and susceptibility to social influence. In F. F. Borgata & W. W. Lambert (Eds.), *Handbook of Personality Theory and Research*. Rand McNally, 1130-1187.

McGinnies, E., & Ward, C. D. (1980). Better liked than right: Trustworthiness and expertise as factors in credibility. *Personality and Social Psychology Bulletin, 6*, 467-472.

Milgram, S. (1961). Nationality and conformity. *Scientific American, 205*, 45-52.

Nemeth, C., Swedlund, M., & Kanki, B. (1974). Patterning of the minority's responses and their influence on the majority. *European Journal of Social Psychology, 4*, 53-64

新村　出（編）(2008).『広辞苑』第六版, 岩波書店.

O'Keefe, D. J. (1990). *Persuasion: Theory and Research*. Newbury Park, CA: SAGE.

O'Keefe, D. J., & Figge, M. (1997). A guilt-based explanation of the door-in-the-face influence strategy. *Human Communication Research, 224*(1), 64-81.

奥田秀宇 (1997).『人をひきつける心 ── 対人魅力の社会心理学』セレクション社会心理学17, サイエンス社.

小野寺孝義 (1989).「美人タイプと美人ステレオタイプに関する研究」『東海女子短期大学紀要』15, 113-122.

Petty, R. E., & Cacioppo, J. P. (1986). The elaboration likelihood model of persuasion. In L. Berkowitz (Ed.), *Advances in Experimental Social Psychology, 19* (pp.123-205), NY: Academic Press.

Rhodes, N, N., & Wood, W. (1992). Self-esteem and intelligence affect influenceability: The mediating role of message reception. *Psychological Bulletin*, 156-171.

齊藤　勇 (1985).『好きと嫌いの人間関係 ── 対人感情の心理学入門』エイデル研究所.

榊　博文 (2002).『説得と影響 ── 交渉のための社会心理学』ブレーン出版.

消費者庁 (2012).「『インターネット消費者取引に係る広告表示に関する景品表示法上の問題点及び留意事項』の一部改定について」http://www.caa.go.jp/representation/pdf/120509premiums_1.pdf

Snyder, M., & DeBono, K. (1985). Appeales to image and claimes about quality: Testing the self-perception explanation of the "foot in the door" phenomenon. *Journal of Personality and Social Psychology, 31*, 64-67.

Stoner, J. A. (1961). A comparison of individual and group decisions involving risk. Unpublished master's thesis, Massachusetts Institute of Technology, School of Industrial Management.

上野徳美 (1994).「説得的コミュニケーションに対する被影響性の性差に関する研究」『実験社会心理学研究』*34*, 195-201.

Walster, E., & Festinger, L. (1962). The effectiveness of overheard persuasive communications. *Journal of Abnormal and Social Psychology, 65*, 395-402.

第4章　人狼ゲームを活用する

相川　充 (2009). 『新版　人づきあいの技術』セレクション社会心理学20, サイエンス社.

平木典子 (2009). 『改訂版　アサーション・トレーニング ── さわやかな〈自己表現〉のために』日本・精神技術研究所.

菊池章夫 (1988). 『思いやりを科学する』川島書店.

菊池章夫・長濱加那子 (2008).「KiSS-18の妥当性についての一資料」『尚絅学院大学紀要』*56*, 261-264.

索　引

ア行
一面提示　82
嘘　28
嘘発見器　55
占い師　9, 14, 22, 111
SUEテクニック　51
オープンルール　10

カ行
覚醒水準　37
狂人　23
共有者　22
クローズルール　10
ゲーミフィケーション　134
ゲームマスター（GM）　2, 8, 106
言語的コミュニケーション　36, 129
恋人　22
コミュニケーション　64
コミュニケーションスキル　105

サ行
自己意識　37
自己開示　135
自己効力感　130
システマチック処理　69
自尊心（自尊感情）　80, 128
社会的スキル　103
襲撃　2, 14
集団極性化　94
主張　121
承認欲求　128
処刑　2, 12
初頭効果　85
新近効果　85

信ぴょう性　74
心理的リアクタンス　72
人狼　1, 9, 13, 23, 111
人狼陣営　1, 7
ステルスマーケティング　86
説得　63, 65
セルフ・モニタリング　81

タ行
対人魅力　76
態度の変容　66, 73
単純接触効果　77
手がかり分離仮説　76
ドア・イン・ザ・フェイス・テクニック　88
ドイツゲーム　123
同調　91
投票　12

ナ行
認知的負荷　48
認知的不協和　70

ハ行
ハンター　23, 111
ハンドサイン　14
非言語的コミュニケーション　36, 129
ヒューリスティック処理　69
昼の時間　2, 11
不安　80
フット・イン・ザ・ドア・テクニック　87
ボディーガード　22, 111
ポリグラフ　55

マ行
村人　1, 9, 22, 111
村人陣営　1, 7
漏れ聞き効果　86

ヤ行
役職　9, 13, 22, 111

妖狐　23
夜の時間　2, 13

ラ行
両面提示　82
霊媒師　22

著者紹介

丹野宏昭（たんの　ひろあき）
東京福祉大学心理学部心理学科 専任講師。博士（心理学）。専門社会調査士。日本心理学会、日本社会心理学会、日本パーソナリティ心理学会などに所属。主に対人関係の心理学を専門としている。
主著に『対人関係と恋愛・友情の心理学』（分担執筆、朝倉書店）、『心理測定尺度集Ⅴ・Ⅵ』（分担執筆、サイエンス社）がある。

児玉　健（こだま　たけし）
ドイツゲームスペース@Shibuya、人狼ルーム@Shibuya、人狼ルーム@Akibaを経営し、ゲームマスターも務める。"心の栄養士"ともいわれる「おもちゃコンサルタント」の資格を持ち、大人がリアルに遊べる場を提供するため『ドイツゲームスペース@Shibuya』をオープン。『人狼ゲーム@Shibuya』『大人狼村』『ドイツゲームナイト』など、ゲームイベントを数多く企画。ゲームワークショップを組み込んだ企業研修企画や、児童館でのボードゲーム講師など、娯楽・ビジネス・教育など各分野で活動中。舞台「人狼 ザ・ライブプレイングシアター」や、TBS番組「ジンロリアン」、その他多くの人狼イベントのゲームアドバイザーを行っている。

人狼ゲームで学ぶ
コミュニケーションの心理学
嘘と説得、コミュニケーショントレーニング

初版第1刷発行	2015年7月28日
初版第5刷発行	2016年10月20日

著　者　丹野宏昭

　　　　児玉　健

発行者　塩浦　暲

発行所　株式会社　新曜社
　　　　101-0051　東京都千代田区神田神保町3-9
　　　　電話 (03)3264-4973 (代)・FAX (03)3239-2958
　　　　e-mail : info@shin-yo-sha.co.jp
　　　　URL : http://www.shin-yo-sha.co.jp

組　版　Katzen House
印　刷　新日本印刷
製　本　イマヰ製本所

Ⓒ Hiroaki Tanno, Takeshi Kodama 2015 Printed in Japan
ISBN978-4-7885-1439-3 C1011

―――― 新曜社の関連書 ――――

職場のメンタルヘルス相談室 心のケアをささえる実践的Q&A	菅佐和子 ほか	A5判224頁 本体2200円
社会と向き合う心理学	サトウタツヤ・若林宏輔・ 木戸彩恵 編	A5判352頁 本体2800円
コミュニティ臨床への招待 つながりの中での心理臨床	下川昭夫 編	A5判332頁 本体3400円
コミュニティの創造的探求 公共社会学の視点	金子勇	A5判224頁 本体3200円
こころに寄り添う緩和ケア 病いと向きあう「いのち」の時間	赤穂理絵・奥村茉莉子 編	A5判240頁 本体2600円
家族と暮らせない子どもたち 児童福祉施設からの再出発	中田基昭 編／ 大塚類・遠藤野ゆり	四六判232頁 本体2200円
あたりまえの親子関係に気づくエピソード65	菅野幸恵	四六判192頁 本体1900円
人間理解の心理学 こころの物語のよみ方	志賀令明 編	A5判208頁 本体2100円
社会脳シリーズ6 自己を知る脳・他者を理解する脳 神経認知心理学からみた心の理論の新展開	苧阪直行 編	四六判336頁 本体3600円
性格はどのようにして決まるのか 遺伝子、環境、エピジェネティックス	土屋廣幸	四六判208頁 本体2100円
あたりまえを疑え！ 臨床教育学入門	遠藤野ゆり・大塚類	四六判200頁 本体1800円
行動を起こし，持続する力 モチベーションの心理学	外山美樹	四六判240頁 本体2300円
ひきこもり 親の歩みと子どもの変化	船越明子	四六判192頁 本体1800円
しあわせ仮説 古代の知恵と現代科学の知恵	ジョナサン・ハイト 藤澤隆史・藤澤玲子 訳	四六判424頁 本体3300円

（表示価格はすべて税別です。）